발칙한
콘텐츠
인문학

발칙한 콘텐츠 인문학

초판 1쇄 발행 2015년 9월 21일

지은이 박규상
펴낸이 이지은
펴낸곳 팜파스
책임편집 김소현
디자인 박진희
마케팅 정우룡
인쇄 (주)미광원색사

출판등록 2002년 12월 30일 제 10-2536호
주소 서울시 마포구 어울마당로5길 18 팜파스빌딩 2층
대표전화 02-335-3681   **팩스** 02-335-3743
홈페이지 www.pampasbook.com | blog.naver.com/pampasbook
이메일 pampas@pampasbook.com

값 14,000원
ISBN 979-11-7026-042-4 (03100)

이 도서의 국립중앙도서관 출판예정도서목록(CIP)은 서지정보유통지원시스템 홈페이지
(http://seoji.nl.go.kr)와 국가자료공동목록시스템(http://www.nl.go.kr/kolisnet)에서
이용하실 수 있습니다.(CIP제어번호: CIP2015024195)

신데렐라부터 건담까지,
콘텐츠 속에 감춰진 시대의 욕망 읽기

Dr.아톰

발칙한 콘텐츠 인문학

박규상 지음

심리학자 Dr.아톰의
문화콘텐츠 비틀어 보기

팜파스

발칙한 사람이 되고 싶다고!

'무라카미 다카시村上隆'라는 팝아트 작가가 있습니다. 자신의 가슴에서 분출되는 모유로 줄넘기하는 미소녀를 작품으로 한 〈HIROPON〉으로 세상의 이목을 끌더니 잇달아 새로운 시각의 작품을 쏟아냈고, 결국에는 자신의 성기에서 정액을 방출하여 허공에 뿌려대는 남자아이를 작품으로 한 〈나의 외로운 카우보이(My Lonesome Cowboy)〉가 2008년 뉴욕 소더비 경매에서 1천 500만 달러(당시 약 170억 원)에 낙찰되며 세계적인 유명작가가 된 사람이기도 합니다. 또한, 이 작가는 미술계뿐만 아니라 오타쿠와 마니아 계층에게도 절대적인 지지를 받으면서 종횡무진 활약한 결과 베르사유 궁전에서 전시회를 가지기도 했습니다.

이 작가의 작품을 보면 이런 말이 떠오릅니다.

"이런 발칙한 것 같으니라고!"

하지만 아티스트 중에 발칙한 사람이 어디 이 사람뿐이었겠습니까? 발칙함으로는 타의 추종을 불허했던 마르셀 뒤샹Marcel Duchamp의 작품 〈샘(Fontaine)〉. 그는 1917년, 6달러만 내면 누구든 작품을 출품할 수 있는 뉴욕의 독립 살롱전인 '앙데팡당(Independent)전'에 이 작품을 전시했습니다. 여느 화장실에서나 볼 수 있는 소변기를 사다 자신의 가명 사인인 'mutt'를 넣고, 미술가인 자신이 사인했으니 미술작품이라고 우기면서 말이죠. 당시에는 주최 측을 당황하게 한 작품이었지만, 2004년 영국에서 개최된 '올해의 터너 상' 시상식에 참석한 미술계 인사 500여 명을 대상으로 '가장 영향력 있는 현대 미술 작품'을 꼽아달란 설문조사에서 당당히 1위에 오른 작품이기도 합니다.

뒤샹은 모든 예술작품은 창작자들의 손에서 만들어져야 한다는 기존의 고정관념을 발칙하게도 거부하고, 사물을 보는 방법을 바꾸면 모든 것은 예술이 된다는 사실을 보여줬습니다. 하지만 이 발칙함에는 해프닝도 있었답니다. 2006년 프랑스 퐁피두에서 작품 전시가 있었는데 70대의 할아버지가 망치로 작품 일부를 깨뜨리는 사건이 발생합니다. 할아버지는 예술을 모독하는 발칙함을

변기가 예술의 개념을 바꾼 계기가 될 줄은 아무도 몰랐을 걸?

마르셀 뒤샹의 <샘(Fontaine)> (photo by Alfred Stieglitz, 1917)

참을 수 없었다고 하네요.

여기에서 한 발짝 더 나가 발칙함의 극치를 보여준 예술가도 있습니다. 피에로 만초니Piero Manzoni라는 아티스트는 1961년 자신의 대변을 깡통에 넣어 통조림으로 만든 후 작품으로 판매했습니다. 깡통에 '미술가의 똥. 내용물: 30그램. 신선하게 보존됨. 1961년 5월 생산되고 저장됨'이라고 써넣고 90개 한정판으로 만들었습니다. 이 작품 같지 않은 작품은 현재 몇 개 남아 있지 않지만 시가 약 2만 5천 달러를 상회하는 것으로 알려져 있습니다. 냄새가 안 나게 잘 봉해졌는지 궁금한데, 아버지가 통조림 회사를 경영하고 있었다니 그 점은 안심해도 좋을 것 같네요.

자신의 상상력을 제한 없이 마음껏 펼쳐 보일 수 있는 예술 분야에서 이제 발칙함은 작가들이 지녀야 하는 기본 소양의 하나가 된 듯 보입니다. 그리고 발칙하다는 것은 기발하다는 것의 다른 표현이 되었고요. 완성된 작품 자체보다 그 작품이 만들어지는 아이디어나 과정을 예술이라고 생각하는 새로운 미술적 제작 태도인 '개념미술'이라는 용어도 이제는 현대 미술의 주류로 대두하고 있습니다. 개념미술의 대표적인 인물이자 세계에서 가장 몸값이 비싼 작가 중 한 사람인 데미안 허스트Damien Hirst는 죽은 상어와 돼지, 소를 그대로 또는 반으로 잘라 포름알데히드(메탄올의 산화로 얻는 무색의 기체)에 보존한 작품으로 유명합니다.

이렇게 발칙함이 '기존의 고정관념을 거부하는 새로움의 제시'라는 긍정적인 신호로 변모하고 있을 때 우리네 거실에도 그 입김은 스멀스멀 스며들고 있습니다.

"이런 발칙한 것, 어느 안전이라고 함부로 입을 놀리느냐!"

수염을 기르고 관을 쓰고 도포를 입은 나이 지긋하고 고집 세어 보이는 양반이 눈을 세모로 하고는 소리를 지릅니다. 그의 눈 아래엔 포박을 당한 채 상투는 흐트러지고 멍이 들고 피가 흐르는 얼굴로 그래도 한마디 하겠다는, 결의에 찬 모습의 사람도 보이네요. 드라마나 영화에서 자주 볼 수 있는 이 장면. 바로 기존의 가진 것을 지켜내려는 사람과 이를 엎어보려고 하는 사람의 대결입니다. 이런 장면을 보고 있노라면 '야, 기죽지 말고 더 받아쳐. 잘못된 것에 대해 당당하게 할 말을 해!'라며 맘속으로 응원하게 되죠. 부당하게 억압받는 아랫것들의 심정을 공감해서인지, 지나친 감정이입인지 모르겠지만 말입니다.

'발칙하다'라는 표현이 사전에는 '하는 짓이나 말이 버릇없고 막되어 괘씸하다'라고 정의되어 있지만, 이제는 기존 질서에 저항하는 새로운 정신을 뜻하게 되었습니다. 더 나아가 세상에 대고 정면으로 박치기를 해대면서 새로운 무엇인가를 만들어나가려는 과정에서 들어야 하는 핍박의 단어처럼 느껴지기도 합니다. 게다가 가끔은 동그라미 안의 '19금' 표시를 화면 한구석에 달고는, 지금까지는 대놓고 하지 못했던 야한 이야기와 뒷담화로 흥미를 유발하는 케이블 TV 프로그램 이름처럼 인식되기도 합니다. 이때의 발칙함은 '맘껏 고정관념과 체면치레에 절어 있는 당신네들에게 진짜 재미와 쾌락을 느끼게 해주지'라고 당당히 외치는 문구가 됩니다.

그래서일까요? '발칙한'이라는 형용사는 현대를 사는 우리에게 상당히 매력적으로 다가옵니다. 괘씸하다는 느낌보다는 통통 튀고, 신선하고, 가식이 없는, 그래서 어딘지 모르게 신비함까지 듬뿍 담긴 말이 되었습니다. 어쩌면 우리 모두가 발칙해지고 싶어진

걸지도 모르겠습니다.

책 제목에 '발칙한'이란 단어가 들어간 책을 인터넷으로 검색해보니 100권이 훌쩍 넘네요. 재미있는 건 이런 제목의 책 중에 자기계발서가 소설이나 에세이만큼 많다는 점입니다. 『발칙한 여우들의 성공노트』, 『발칙한 반란을 꿈꾼다』, 『신입사원의 발칙한 상상』, 『교과서에 나오지 않는 발칙한 생각들』, 『너의 발칙한 상상력』, 『상상, 한계를 거부하는 발칙한 도전』, 『남자 보는 눈으로 통달하는 발칙한 글쓰기』, 『현대미술가의 발칙한 도전』 등등에다 『발칙한 경제학』, 『발칙한 진화론』, 『발칙한 고고학』, 『발칙한 건축학』, 『발칙한 소선인물실록』까지 있네요. 이쯤 되니 발칙함은 그야말로 괘씸하게도 시대의 키워드가 되어버린 듯합니다.

그런데 왜 이 발칙함이 사람들의 시선을 끄는 용어가 되었을까요? 아마도 발칙함을 맘껏 발휘하라고 내모는 세상에 우리가 지금 살고 있기 때문이겠죠. 발칙한 디자인, 발칙한 제품, 발칙한 스토리, 발칙한 패션, 발칙한 예술 등등. 감성과 감각을 중시하면서 이제까지 없던 새로운 생각을 요구하는 경쟁을 하는 세상이라서 그렇습니다.

쉴 새 없이 눈과 귀를 자극하는 광고를 봐도 그렇습니다. 옷을 입은 둥 만 둥 한 남녀가 두 눈을 치켜뜨고 카메라를 보며 도발합니다. 하고 있는 몸태나 시선을 보며 '시크하고 도도하고 간지난다'며 긍정적으로 보는 사람이 더 많습니다. 아이들이 할아버지, 할머니와 격의 없는 대화를 나누는 것을 넘어 때로는 어른들을 가볍게 골탕 먹이는 광고도 있습니다. 하지만 그렇다고 어느 누구도 경로사상이 없는 못된 놈들이라고 여기지는 않습니다. 그저 서로 소통하는 세상에서 재미있는 관계를 표현한다고 여깁니다. 애니메이션 〈짱구는 못 말려〉를 보면서 누가 발칙하게 부모한테 저렇게 하느냐고 호통치지는 않는 것처럼 말이죠.

뭐, 영화제나 시상식의 드레스 노출 경쟁에서도 빠지지 않고 나오는 멘트는 "오늘 의상 콘셉트는 섹시함이에요"입니다. 그렇게 말하면서 당사자도 살짝 민망한 듯 웃습니다. 발칙함과 작은 부끄러움을 세트로 해야 대중이 호의적인 반응을 보인다는 것을 경험을 통해 학습한 듯합니다. 그래서 의도적인 신체 노출을 통해 화제를 만드는 발칙함이 그렇게 부정적인 것만은 아니라고 대변해 주기도 합니다.

이렇게 모두가 발칙함에 매달리는 건 우리 모두가 다른 사람과는 다르고 새롭게 보여야 하는 시대에 살고 있기 때문입니다. 차별화가 없으면 그냥 다른 사람과 똑같은 사람, 많은 사람 중의 그저 평범한 사람으로 간주됩니다. 그런데 경쟁사회에 살아가는 우리는 '많은 사람, 많은 것들과 다름이 없는 평범한 하나'는 경쟁에서 패배한 것으로 간주된다는 사실을 잘 알고 있습니다. 경쟁에서 이긴 사람, 1등을 한 사람은 많은 사람과 다른 특별한 한 사람입니다. 그래서 모두가 '뭔가 튀지 않으면, 다른 사람과 확실하게 구별되지 않으면 안 된다'라는 강박관념을 가지고 살고 있습니다. 그러다 보니 차별화를 애쓰는 사람이라면 발칙함을 통해 '다름'을 완성하는 전략을 구사합니다. 이런 이야기를 쓰는 이 책도 그런 점에서는 마찬가지네요. 발칙한 의문, 발칙한 시선, 발칙한 욕망, 발칙한 상상이 어떻게 하면 많은 사람들과 다른 하나밖에 없는 나를 완성하는지를 보여주려는 것이니까요. 결국 많은 책들과 다르다는 걸 나타내려는 몸부림에서 시작된 것이 이 책일지도 모릅니다.

이처럼 '무한 생각 경쟁사회' 속에서 결국 발칙함이란 다른 사람들과 다른 것을 보고 다른 것을 듣고 다른 것을 먹고 다른 것을 하고, 그리고 자신의 경험을 모두 모으고 모아 다른 생각을 만들어내고, 이 생각을 다르게 표현하는 데 온 힘을 기울이며 살고 있는 우리에게 주어진 무기인 셈입니다. 경쟁사회에서의 경쟁력은 '어떻게 하면 다른 사람들과 다르게 보고 생각하고 표현할 수 있는 다른 눈을 가질 수 있을까'라는 발칙함에서 시작됩니다. 그리고 이 기발한 생각과 표현에 발칙함이라는 옷을 입혀 더 도드라지게 만들고 싶어 합니다.

다름을 추구하는 것은 인문학도 마찬가지입니다. 자연과학이 하나의 물음에 대해 '진리'라는 하나의 답을 찾아가는 앎의 방법이라 한다면, 인문학은 하나의 답 대신에 많은 답을 발견하는 앎의 방법입니다. 그래서 인문학에 정답은 없습니다. '나는 누구인가?', '사회는 어떻게 구성되어 있는가?', '왜 사람은 살아가는가?', '행복이란 무엇인가?'에 어떻게 하나의 정답이 있을 수 있겠습니까?

그래서 인문학은 다른 사람과 다른 답, 즉 '나만의 답'을 찾아가는 과정에서 새로운 나를 발견하게 해줍니다. 인문학이 주목을 받게 된 까닭도 여기에 있겠죠. 다른 시각을, 다른 해석을, 다른 생각을, 다른 표현을 만들어줄 수 있는 건 더 이상 외부의 기술이나 도구가 아니라 결국 자신의 머리와 마음에서 시작된다는 것을 모두가 느꼈기 때문입니다.

인문학을 배운다는 것은 결국 '새로운 나'를 만들어가는 것을 말합니다. 새로운 나는 이전의 익숙한 나와 결별하는 것이고 주변의 익숙한 것과도 이별을 고하는 것입니다. 그렇다고 완전히 과거의 익숙한 자신이나 환경과 갈라선다는 말은 아닙니다. 단지 조금씩 변화하는 과정을 통해 이전과 다른 자신으로 나아간다는 뜻일 뿐이니까요. 내 몸에 착 달라붙어 익숙해진 것들과 결별하는 것. 하지만 이건 생각보다 간단하진 않겠죠? 이제는 몸과 마음과 머리에 달라붙어 나와 하나가 되어 있는 상태니까요. 그래서 이별을 위한 노하우와 연습이 필요합니다.

우리들은 익숙한 자신과 헤어지고 새로운 자신을 얻기 위해, 조금은 달라진 자신을 만들기 위해 인문학 관련 책을 읽고 강의를 듣고 습관을 바꾸려고 부단히 노력합니다. 한두 권의 책으로는 부족해서 새로운 책이 나올 때마다 사서 읽고, 인터넷의 유명 강의뿐만 아니라 공개강의도 쫓아다니죠. 하지만 그렇다고 쉽게 노하우가 얻어지진 않는 것이 현실입니다. 솔직히 괜한 돈만 날렸다고 후회하는 경우가 더 많죠. 자신에게 딱 맞는 노하우가 없다 보니 이에 맞춘 연습을 하는 건 더더욱 어렵습니다. 그래서 결국은 다시 익숙한 자신에게 돌아가고 맙니다.

하지만 벗어나려는 익숙한 것을 내 안에 그대로 두고 새로운 것을 찾아나서는 것은 불가능합니다. 다르고 새롭게 변화하기 위해선 일단 익숙한 것과 싸워서 몸과 마음과 머리를 차지하고 있는 익숙한 놈들을 몰아내야 합니다. 아무리 새로운 자신을 만들어 내 안에 들여놓는다 해도, 이미 나에게 들러붙어 떨어지는 않는 익숙한 것들을 그대로 두는 한, 새로운 자신은 얼마 못가서 결국 과거의 자신에게 패배하고 말테니까요.

그래서 우선은 이 익숙한 것들에게 '너는 뭔데 나에게 붙어서 떨어지지 않는 거야?'를 물어야 합니다. 익숙한 것의 정체를 밝혀내는 일종의 회의론적인 자세라고나 할까요. 그러기 위해 필요한 것이 바로 '너 혹시 내가 잘 알고 있는 그거 맞아?'라고 삐딱하게 바라보는 자세입니다. 이렇게 묻고 답하는 과정에서 익숙한 것은 낯설게 바뀝니다. 뉴턴이 만약 사과는 익으면 떨어진다는 지극히 익숙한 상황을 보고, '왜 저 놈은 떨어지는 걸까?'라는 물음을 던지지 않았다면 어땠을까요? 익숙한 것을 낯설게 바라보지 않으면 새로운 것은 탄생할 수 없습니다. 하늘 아래 새로운 것은 없는 법이니까요.

익숙한 것과 이별하는 연습이 필요하다고 지나친 리스크까지 감수할 필요는 없습니다. 예를 들어 남자친구가 자그마한 액세서리라도 선물로 줄 것이라 기대하고 있는 여자친구에게 '그딴 틀에 박힌 선물이 뭐가 좋냐. 난 진심을 담아서 이런 선물을 해야지'란 생각에 들꽃을 툭툭 꺾어 만든 꽃다발이라며 내밀어보면 어떻게 될까요? 뭐 그건 마음의 표시라고 받아줄지도 모르겠네요. 하지만 생일이니 그래도 이탈리안 레스토랑 정도는 가고 싶다는 여자친구의 눈빛을 무시하고, 돼지껍데기 집에 가서 막걸리로 축배를 들자고 한다면 어떨까요? 발칙함을 자신의 차별화 포인트로 내세우겠다며 윗사람 면전에서 잘못된 점을 따지며 말대꾸를 하고, 모두가 입고 다니는 복장을 거부하고 자신만의 패션을 고집하고, 새로움을 추구한다고 남들이 이해하지 못할 행동을 서슴지 않게 해댄다면 어떨까요?

많은 사람들이 받아들이고 있는 익숙한 생각, 태도, 문화 등과 이별하려 할 때는 의도치 않게 다른 익숙한 것들, 그러니까 여자친구, 부모형제, 친구들, 학교, 회사와도 영원히 이별하게 될지도 모르는 위험도 따른다는 사실을 잊어서는 안 됩니다. 그래서 이별 연습의 대상으로는 위험성이 없는 것들을 선택하는 것이 좋습니다.

이런 이별 연습에 가장 좋은 대상 중 하나가 우리가 늘 가까이서 접하는 콘텐츠입니다. 어렸을 때부터 읽었던 동화, 만화책에서부터 영화, 소설, 애니메이션, 게임, 캐릭터 상품 등등의 콘텐츠 말이죠. 그런데 왜 콘텐츠가 가장 만만하냐고요? 콘텐츠는 우리가 즐기기 위해 존재하는 것이라서 이걸 비틀어보고, 뒤집어보고, 벗겨보고, 조각조각 난도질을 한다고 해서 누가 뭐라고 하지 않습니다. 음흉한 마음으로 스토리를 모두 19금으로 패러디해도 되고, 등장인물을 동물로 바꿔쳐도 되고, 반대로 등장하는 동물을 모두 의인화해서 새롭게 만들어도 됩니다. 콘텐츠가 가지고 있던 기존의 익숙한 것들을 완전히 바꿔서 다른 작품으로 만드는 것이 오히려 세계적인 콘텐츠 명가인 할리우드와 디즈니 픽처스, 지브리 스튜디오가 하는 작업이기도 합니다. 웹툰이나 만화도 명작 동화를 전혀 다른 관점에서 재해석하고, TV 드라마도 뮤지컬도 이에 뒤질세라 참가합니다.

그렇다면 우리라고 해서 못할 거 없지 않을까요? '기존에 가지고 있던 콘텐츠에 대한 고정관념과 콘텐츠에 담겨져 있었다고 믿어왔던 익숙한 통념을 정말 그대로 믿어도 되는 것일까?'라는 발칙한 의문으로 시작해봅니다. 새로운 생각을 끄집어내기 위해 콘텐츠 속에 담겨져 있던 발칙한 시선을 찾아내고, 스토리 속에 숨겨져 있던 발칙한 욕망을 들추어보고, 콘텐츠가 꿈꾸고 있던 발칙한 상상을 파헤쳐봅시다. 발칙한 개념미술이 결과가 아닌 과정과 아이디어를 중시하듯, 발칙한 콘텐츠 인문학도 스스로 '왜?'라고 묻고 이 물음에 '자신만의 답!'을 찾아가는 과정에 의미를 둡니다. 그 과정을 통과하다 보면 끈덕지게 달라붙어 나에게서 떨어지지 않았던 익숙함이 어느새 낯선 것으로 바뀌어 스스로 떨어져 나가고 이전과는 전혀 다른, 그리고 다른 사람과도 전혀 다른 자신의 모습을 발견하게 될 테니까요.

목차

발칙한 사람이 되고 싶다고! _4

PART 01

발칙한
의문

> **'사과'하면 떠오르는 것을
> 그리거나 써보세요.**

독창적으로 생각하기와 관련된 강의에서 수강생들에게 이런 문제를 내면 열이면 아홉이 빨간 사과를 그립니다. 그림실력을 뽐내고 싶은 사람은 거기에 꼭지를 달고, 뭔가 부족하다고 느끼는 사람은 이파리를 한두 개 붙이죠.

> **자, 주변 사람의 그림을 보세요.
> 여러분의 그림이 과연 독창적이라고
> 생각하나요?**

모든 사람이 똑같이 생각하고 똑같이 표현하는 것에 우리는 '독창적'이라는 단어를 사용하지 않습니다. 조금 다르게 생각하고 표현해야 독창적일 수 있으니까요. 그러니 조금은 '왜 사람들은 빨간 사과의 모습만 떠올리지?'라는 의문을 가져야 합니다.

어떤 사람은 사과에서 백설공주를, 어떤 사람은 치약광고를, 어떤 사람은 빨간 피를, 어떤 사람은 쥬스를, 어떤 사람은 과일가게를, 어떤 사람은 애플파이를, 어떤 사람은 이시꽈을 떠올리기도 합니다. 하지만 말이죠. 독창성이나 창의력은 가능한 많은 사람들이 선택하지 않은 생각을 하는 것입니다. 이것은 가능성의 문제이기도 하고 생각의 가지가 어디까지 퍼져나가는가를 결정하는 능력이기도 합니다. 그리고 이 모든 것의 전제는 '의문을 가질 수 있는가? 없는가?'에 달려 있습니다. 당연하다고 여긴 것에 의문을 가지면 꽤 재미있는 이야기를 많이 펼칠 수 있습니다. 물론 노파심에서 다시 한 번 말하지만 발칙한 인문학은 하나밖에 없는 정답을 찾아내는 것을 목적으로 하지 않습니다. '사람은 왜 살아가는 걸까?', '왜 우리는 아름다움을 추구하는 걸까?', '정말 인간은 이타적 동물일까?'라는 의문 말입니다. 인문학이나 사회과학은 여러 답을 찾아가는 다양한 길을 발견하고, 그 과정을 통해 세상, 사회, 인간에 대한 이해를 깊게 하는 것을 목적으로 하는 노력의 산물입니다.

우리는 초등학교에 들어가는 순간부터 고등학교를 마칠 때까지 '주어진 하나의 물음에 하나의 정답을 찾아가는' 매우 단순한 사고를 배웠습니다. 선생님이나 시험출제기관이 내준 문제(물음)에 미리 정해져 있는 하나의 정답을 찾는 연습을 통해서 말이죠. 그러다가 갑자기 대학에 들어가서 '너만의 답을 찾아라!'며 창의적 사고를 요구받습니다. 게다가 사회에 나오면 그 강요는 정도가 점점 강해집니다. 그래서 생각의 가지를 이쪽저쪽으로 뻗어 자라게 할 수 있는 인문학의 힘을 빌릴 수밖에 없는 거죠. 그런데 이때 문제가 발생합니다. 지금까지는 외부에서 주어졌던, '무엇에 대해 물음을 던질 것인가? 무엇을 문제로 삼을 것인가?'라는 것도 자신이 결정해야 하니까요. 그래서 답을 찾는 것이 아니라 문제를 내는 단계에서 장벽에 봉착하게 됩니다. 지금까지 스스로 문제를 만들어 고민한 적이 없으니 말이죠.

"이번 학기 성적은 마지막 시간에 15분 발표로 산출하겠습니다. 주제는 자유. 과목과 상관없어도 괜찮습니다. 아직 충분한 여유가 있으니 잘 준비하셔서 발표하세요."

매학기 대학원 강의 첫 시간에 이런 공지를 해도 어느 누구도 마지막 강의 전 주까지 주제를 잡고 발표 준비를 하려 들지 않습니다. 그러면서 매 강의 시간마다 고민 가득한 얼굴로 말합니다.

" 교수님 그냥 문제나
주제를 주시면 안 되나요?
너무 어려워요! "

프랑스의 철학자인 볼테르Voltaire는 "사람은 그의 답이 아니라 질문으로 판단하라"고 말했습니다. 그런데도 우리는 질문보다는 답을 중시하는 경향이 있습니다. 질문의 중요성을 간과한 결과일 테지만, 좋은 생각은 답을 찾는 것이 아니라 좋은 질문을 하는 것이라는 사실을 잊고 있는 셈이기도 합니다. 질문은 결국 의문에서 출발하는 것이니 좋은 의문이 좋은 생각의 시작입니다.

발칙한 의문이 꼭 좋은 의문은 아닐지 모르지만, 좋은 의문으로 나아가는 방향을 잡아주는 '다양한 의문으로 가지치기'를 위해서는 필요합니다. 많은 의문의 가지가 생기고 그 의문의 가시를 훑어나가다 보면 가지는 크게 자라 꽃을 피우고 열매를 맺을 수 있을 것입니다. 설령 내가 선택한 가지가 열매를 맺지 못하는 가지였다 해도 다시 가지를 펼칠 수 있는 능력을 가지게 되는 것임은 틀림없으니까요.

백마 탄 왕자가
사실은
찌질이에
변태는
아니었을까?

그럼 삐딱한 의문, 이걸로 시작해볼까요? 우리 모두가 어린아이였을 적에 한 번쯤은 빠져서 살았던 동화 세계의 이야기로요.

20세기 후반, 순정만화가 원작임에도 불구하고 남자아이들까지 텔레비전 앞에 앉게 만들었던 애니메이션이 있었습니다. 모진 풍파의 시련을 겪고 스스로 혼자 일어서는 여주인공의 스토리를 담은 〈들장미 소녀 캔디〉. 1977년 MBC에서 〈캔디〉라는 제목으로 방영되었다가 1983년 〈들장미 소녀 캔디〉라는 제목으로 재방영되어 국내에서도 큰 인기를 얻은 적이 있었죠. 원작은 일본 만화 〈캔디 캔디〉입니다.

캔디의 자수성가 과정을 담은 것처럼 보이는 이 스토리에도 백마 탄 왕자님이 어김없이 등장합니다. 그것도 세 사람이나 말입니다. 스토리 초반에 투명할 만큼 빛나는 얼굴에 멋진 패션만 보여주고는 허망하게 죽어버리는 첫사랑 안소니, 가슴 속 영원한 연인인 테리우스, 엔딩에서야 비로소 밝혀지는 언덕 위의 왕자님이자 윌리엄 할아버지인 알버트 아저씨. 세 사람 모두 가문 출중하고 멋진 데다가 타고 있던 말도 백마입니다.

캔디뿐만 아니라 어려운 환경에 빠진 소녀가 주인공으로 나오는 동화나 만화, 애니메이션에는 소녀의 신세를 확 바꿔주기 위해서 우리는 '백마 탄 왕자'가 등장해야 한다는 생각을 가지고 있습니다. 그저 스토리에 러브 라인을 첨가하기 위한 것도 있긴 하지만 백마 탄 왕자야말로 한 방에 인생 역전이 가능한, 스토리를 드라마틱하게 바꿔주는 캐릭터라고 믿기 때문이죠. 그리고 이런 믿음은 어렸을 때 접했던 〈신데렐라〉, 〈백설공주〉, 〈잠자는 숲속의 공주〉와 같은 공주님 동화의 영향력이 지대했음을 부인할 수 없습니다. 정확히 말하자면 이런 동화를 원작으로 한 디즈니 애니메이션과 이후 이 애니메이션의 장면을 활용한 그림 동화책의 영향이 크긴 하지만요.

실제로 원작 동화가 담긴 『그림 동화집』이나 『페로 동화집』에 왕자가 백마를 타고 등장했는가에 대해서는 확인할 방법이 딱히 없습니다. 원작 동화에는 그저 '지나가는 왕자'로 표현되는 경우가 많고 '백마를 탄 왕자'라는 정확한 언어적 묘사는 나오지 않으니까 말이죠. 그러니 그 동화 속 왕자가 백마를 탔는지 흑마를 탔는지 갈색말을 탔는지 조랑말을 탔는지, 심지어 말을 타지 않고 걸어서 다녔는지도 명확하지 않습니다. 단지 당시 왕자가 등장하는 동화의 몇몇 삽화에 백마를 탄 모습이 나오지만 이것도 잉크 값을 아끼기 위해 말의 윤곽선만을 그렸기 때문이라는 해석이 있을 정도니 백마 탑승 여부는 여전히 미지수인 셈입니다.

그러니 왜 왕자들이 백마를 고집했는지도 슬며시 의문이 드네요. 이동을 해야 하니 말을 탔을 가능성은 높겠지만 왜 굳이 흰 말이었냐는 점 말입니다. 우선 이 하찮은 의문에 나만의 답을 찾기 위해 백마에 대한 상징을 살펴볼까요?

많은 상징이 종교와 관련이 있으니 신화 속에서 백마를 찾아보면 우선 떠오르는 것이 페가수스(Pegasus)입니다. 페가수스는 그리스 신화 속의 영웅인 페르세우스가 머리카락이 뱀이고 눈을 바라보면 화석이 되고 마는, 메두사의 목을 잘랐을 때 떨어진 피에서 태어난 날개 달린 백마입니다. 하늘을 달리는 페가수스는 태어나자마자 곧장 제우스의 번개를 옮기는 역할을 맡아서 하늘을 달리게 되었고, 그리스인들은 신마(神馬)로 추앙했습니다.

인도 신화에 따르면 힌두교의 삼대 신 중 하나인 비슈누의 10번째 환생체이며 암흑과 파괴의 시대에 인류를 심판하고 정화하려고 지구에 태어난 영웅 칼키Kalki, कल्कि도 '데바다타'라는 날개를 가진 배마를 타고 다녔네요. 칼기라는 이름은 '영원', '시간', '오물을 쏠어내는 자'라는 의미인데, 악을 심판하고 새로운 세계를 만들어내는 역할을 합니다.

여기서 기독교가 빠지면 섭섭하겠죠. 성경의 계시록 19장 11절을 보면 "또 내가 하늘이 열린 것을 보니, 보라. 백마와 그것을 탄 자가 있으니 그 이름은 충신과 진실이라, 그가 공의로 심판하며 싸우더라"라는 구절이 있고 이외에도 백마가 여러 번 언급되고 있습니다.

우리나라 신화라고 예외는 아닙니다. 초대 신라의 임금인 혁거세는 알에서 태어난 것으로 유명한데, 그 알의 존재를 알려준 것이 바로 빛나는 백마입니다. 그러고 보니 국사 교과서에 단골로 실리는 경주 천마총에서 발견된 천마도 백마입니다.

이처럼 오랜 옛날부터 사람들은 백마가 하늘과 땅을 오가는 성스런 동물이며 이런 백마를 타고 있는 사람은 그에 상응하는 지위와 성품, 힘을 지녔다고 생각했습니다. 그래서 권력자, 성직자들처럼 사회적으로 높은 지위에 있는 사람들은 백마를 타고자 했죠.

그런데 말입니다. 한 나라의 최고 권력자인 왕이 백마를 탔다고 해서 그 아들인 왕자도 모두 백마를 탔다는 보장은 없습니다. 만일 백마가 권력을 의미하는 것이었다면 왕 이외에는 백마가 허락되지 않았을 것이기 때문입니다. 그래서 여전히 권력자의 후손이라고 왕자가 백마를 탔었냐는 점은 의문으로 남습니다.

그런데 이런 의문을 단칼에 날려버린 사람, 아니 집단이 있습니다. 바로 디즈니사입니다. 디즈니사가 판타지와 로맨스를 위해서 왕자의 탈 것을 백마로 줄기차게 보여준 덕에 우리에게는 '백마

칼키도 흰 옷을 입고 있으니 역시 정의의 심판자 같은 느낌이네요.

인도 신화의 영웅 칼키와 백마 데바다타의 영역본 삽화
(작자 미상, 1726)

탄 왕자'라는 고정관념이 형성되었습니다. 흑마는 왠지 악마가 타는 말이나 적군이 타는 말이라는 느낌이었을 거고, 갈색말은 너무 흔해 보였을 겁니다. 얼룩말은 물론 언급할 가치도 없었겠죠. 이런 말들에 비해 백마는 멋진 컬러의 옷을 입은 왕자의 패션을 도드라지게 보여줄 수 있는 데다, 신비로움을 자아내는 데 큰 역할을 할 거란 생각이 있었을 겁니다. 컬러 애니메이션의 문을 연 디즈니사였으니 칙칙한 색의 말보다 짙은 숲의 이미지와 대비되는, 선하고 정의로운 색인 흰색을 번쩍거리며 내달리는 백마를 남자 주인공인 왕자에게 쥐어주는 것이 가장 좋은 선택이었다고 판단했을 법합니다.

그러니 '백마 탄 왕자'는 인류에는 없는, 산업화 과정에서 만들어진 가공의 인물인 셈입니다. 가공의 인물이다 보니 세월이 지나면서 많은 여성들의 욕망이 투영되어 뻥튀기에 뻥튀기를 거듭하였고, 그는 최고의 남성, 모든 것을 해결해주는, 그야말로 상남자 중의 상남자의 상징이 되었습니다.

그렇다면 여기서 잠깐! 가공의 인물이라면서요? 사실은 백마를 탈 만큼 대단한 인물이 아닐 수도 있는 거 아닐까요? 동화를 뒤집고 비틀어보면 이 왕자님들, 우리가 생각하는 상남자가 아니라 혹시 '님'을 붙이기도 아까운 찌질이들은 아니었을까요?

자, 이런 발칙한 의문으로 시작해봅니다.

왕자는
클럽
부킹녀로
신데렐라를
선택했다?

그럼 첫 번째로 신데렐라의 유리구두에 반한 왕자님부터 살펴보죠.

이 왕자님, 무도회를 엽니다. 장래의 왕비가 될 아내를 구할 목적이라네요. 백번 양보해서 무도회의 주최자가 왕자 자신이 아니라 왕이라 해도 목적은 같습니다. 그런데 디즈니 애니메이션이 원작으로 삼았던 신데렐라 이야기가 담겨있는 『페로 동화집』은 1697년에 출간되었고, 당시 유럽의 왕비는 대부분 정략결혼에 의해 정해지던 시절이었습니다. 아마 장래 왕이 될 왕자의 아내 역시 예외는 아니었을 겁니다. 권력 유지와 국가의 안위를 위해서는 개인의 러브 스토리에 충실해서는 안 되는 입장이었던 것이죠.

국가나 권력은 너무 무거운 이야기니 조금 가볍게 생각했다고 치고, 왕자는 그저 '마을에 있는 처녀들을 둘러보고 괜찮은 여자가 있으면 사귀어볼까'라는 마음 정도였다고 해봅시다. 그래도 그 괜찮은 여자를 선정하는 방법으로 과연 무도회가 적절했던 것일까요?

왕자의 무도회에 가고 싶어 여자들은 너도 나도 질세라 아름답게 꾸미고 등장합니다. 계모와 언니에게 구박을 받던 신데렐라도 한껏 꾸미고 무도회장에 갑니다. 그리고 무도회장에 들어서는 순간 모든 사람이 그녀의 아름다움에 놀라죠. 미모도 미모거니와 드레스와 액세서리도 출중합니다. 거기다 세상에서 보기 힘든 번쩍이는 유리구두라니!

드레스나 액세서리는 돈만 있다면 흉내 낼 수 있다고 해도 유리구두만은 여간해선 넘볼 수 없는 성역입니다. 깨지기 쉬운 데다가, 땀으로 습기가 차서 뿌옇게 되고, 창피하게 맨발이 다 비쳐 보이는 유리 소재의 구두를 용감하게 신고 춤을 춘다는 발상은 당시의 웬만한, 아니 무도회에 초대받을 정도의 품격 있는 여성이라면 생각해내기 어려우니까요. 그런데도 이런 신데렐라에게 왕자는 한눈에 반해 당장 춤을 신청하고 사랑에 빠집니다.

그런데 이거 빨라도 너무 빠른 거 아닌가요? 왕자가 신데렐라의 성품을 잘 파악하고 그 인간성에 사랑을 느끼기는 한 걸까 의심이 들 정도네요. 원작 동화에서는 3일간 무도회가 열리고 매일 신데렐라가 가서 춤을 추었다고 나오니 적어도 왕자는 3일간 그녀를 만나 대화도 나눴을 겁니다. 하지만 디즈니사는 원작을 각색해서 한 번의 무도회에서 한 번의 댄스로 사랑에 빠지는 걸로 바꿔버렸습니다. 시대를 현대로 바꿔 생각해보면, 왕자가 클럽에 가서 부킹 한 번 하고 사랑에 빠진 여자에게 왕비가 되어 달라고 하는 스토리라고나 할까요?

한 나라를 책임지는 왕이 될 사람이라면 자신의 파트너는 잘 생각하고 신중히 선택해야 하겠죠. 그게 정략결혼이든, 왕가에서 간택을 하는 경우든 상관없습니다. 그런데 이 왕자님은 고작해야 무도회에 나타난 어느 가문의 어떤 성품의 여성인지도 모를 처자에게 빠져서 왕비의 자리를 내어줄 태세입니다. 아름답다는 이유만으로 말이죠.

외모 지상주의는 이다지도 무섭단 말인가요? 화려한 드레스와 액세서리를 본다면 한 번쯤은 치장에 신경 쓰고 명품에 빠져 사는 여자일지도 모른다는 의심을 할 법도 한데, 그는 여기에 한 술 더 떠서 신데렐라가 남기고 간 유리구두를 들고서는 황홀하게 바라봅니다. 이런 구두를 신고 있는 그녀는 진정한 왕비감이라고 생각하면서 말이죠.

신데렐라를 찾아내는 과정은 더 가관입니다. 그는 시종에게 유리구두를 주고, 온 나라 안의 처녀들에게 다 신겨보게 하죠. 한 짝밖에 없는 유리구두를 들고 발 냄새 맡아가며 동네방네를 돌아다닐 시종을 생각해서도 이건 아닙니다. 정말 신데렐라를 찾을 요량이라면 몽타주를 그려 붙이고, 연락하는 사람에게 후사하겠다

고 하면 됩니다. 그렇게 열심히 얼굴을 바라보았고 무도회에 많은
사람이 있었는데 말만 하면 궁정화가가 그깟 얼굴 몽타주 하나 못
그리겠습니까?

『신데렐라(Cinderella)』의 삽화(작자 미상, 1865)

어쨌든 왕자의 이 무식하고 비효율적인 사랑 찾기는 성공하고,
결국 신데렐라는 왕자와 만나게 됩니다. 이 모든 과정에서 왕자가
한 역할이라곤 '가서 찾아라!'라고 명령을 한 것밖에는 없습니다.
현대의 상남자처럼 자신이 나서서 여성을 구해내는 모습은 어디
에도 보이지 않네요. 게다가 그는 신데렐라가 시련을 겪고 있다는
것도 모르고 있으니 그녀의 기구한 삶을 어찌하겠다는 의지도 애
당초 없습니다. 그가 그녀를 쫓는 이유는 그저 그녀가 아름답다는

이유뿐입니다.

신데렐라의 왕자는 미모에 눈이 머는 찌질함은 물론, 작은 발에 집착하는 변태적 성향까지 갖추고 있긴 하지만 그 변태적 욕망에 대해서는 뒤에 나올 '발칙한 욕망' 편에서 다시 다루기로 하고 이 번에는 잠자는 숲 속의 공주를 깨운 왕자님을 만나보기로 하죠.

그렇게도
키스가
고팠니?

마녀의 저주에 걸려 100년을 잠들어 있는 공주. 왕자는 난관을 헤치고 성에 들어가 공주에게 입맞춤을 합니다. 아마 동화 중에서, 아니 전 세계 러브스토리 중에서 가장 로맨틱한 키스신으로 기록될 만한 장면이기도 합니다. 그런데 왕자의 키스로 저주를 푼다는 이 이야기, 잘 살펴보면 이상한 점이 한 둘이 아닙니다.

처음부터 공주에게 걸린 저주는 깊은 잠에 빠지는 것이 아니었습니다. 원래는 16살에 물레에 찔려 죽는 저주였는데 착한 요정의 응급처치로 100년 잠들기로 약화시킨 거니까요. 게다가 요정들은 공주 혼자 깨어나면 지나간 100년의 시차에 너무 황당해할 무성한 찔레나무 사이에 누워 있는 여인이라면 우선 섬뜩했을 텐데···.

페로동화집 초판본에 수록된 <잠자는 숲 속의 미녀(Sleeping Beauty)>의 삽화(작자 미상, 1697)

테니 성 안 전체를 잠에 빠뜨리는 만행을 저지릅니다. 이는 아무 죄 없는 사람들까지 마치 왕이 죽으면 따라 죽었던 순장의 풍습을 연상시킵니다. 그녀들은 이것으로도 성에 안 찼던지 궁전 주위를 가시가 무시무시한 찔레나무로 뒤덮죠. 외부와의 접촉을 완전 차단하기 위해서 말입니다.

스토리를 정확히 따져보면 100년이라는 시간이 지나가면 공주는 잠에서 깨어나게 됩니다. 물론 페로 동화 원작에서 100년이 지나면 한 왕자가 나타나 공주를 깨우러 올 거라고 말했으니 왕자가 등장하긴 해야 합니다. 그런데 100년이 지날 즈음 이웃 왕자가 사냥을 하러 지나가다 궁전을 이상하게 생각하고는 찔레나무를 헤치고 들어가는 것으로 되어 있습니다. 그는 놀라죠. 그곳에는 너무나 아름다운 공주가 깊들이 누워 있으니까요. 그래서 그녀를 바라보다가 아름다움에 반해 키스를 하게 됩니다.

여기서 발칙한 의문 하나. 왕자가 키스를 하지 않아도 어차피 100년이 흘러 그가 등장했으니 공주는 깨어나는 거 아니었을까요? 그런데 왜 우리는 키스를 했으니 저주가 풀렸다고 생각했을까요? 마녀도 요정도 키스가 저주를 풀 것이라는 말을 하지 않았으니 키스로 저주가 풀렸다고 생각하는 건 혹시 우리가 너무 로맨틱한 스토리로 해석하는 잘못 때문이 아닐까요?

땡동! 정확히 맞습니다. 원작에는 키스의 이야기가 등장하지 않습니다. 키스는 디즈니사의 각색입니다. 그러니 원작대로 생각하자면 키스는 저주를 푸는 데 아무런 도움이 되지 않습니다. 왕자가 나타나기만 하면 됩니다. 왕자는 그저 예쁜 여자를 보고는 스킨십을 하고 싶었고 때마침 공주는 잠에서 깨어나는 요건이 충족되었기 때문에 잠에서 깬 것일 뿐입니다. 우리가 마법의 키스라고 생각하는 건 '까마귀 날자 배 떨어진다'는 속담처럼, 어떤 일이 동시에 일어났을 때 우리가 한 사건이 다른 사건의 원인으로 발생했다고 판단해버리는 일종의 '인식의 오류'에 불과합니다. 원인과 결과를 혼동하는 오류는 동시 또는 시간적 선후 관계가 있을 때 발생하는 거죠. 흔히 한 사건이 일어났을 때 다양한 원인을 따져보려 하지 않는 마음자세에서 비롯한 오류인 셈이죠. 우리는 이 인식의 오류로 왕자의 키스를 '마법의 키스'로 부르고 있는 셈입니다. 마법은 무슨 마법, 그냥 좋은 타이밍이었던 겁니다.

그런데 가만 보면 이 왕자의 행동, 당시의 기사도 정신과는 상당히 거리가 머네요. 잠들어 있는 여인이라고 해서 막 입술을 들이대도 되는 건가요? 지하철에서 어깨에 머리를 기대어 잠든 여인이 아름답다고 키스를 하면 엄연히 추행범입니다. 시대가 다르다고 해도 상대방의 동의 없이 이런 스킨십이 허용되어서는 안 됩니다. 그런데도 백마 탄 왕자님이라는 이유로 공주와의 키스가 더없이 아름다운 행위로 바뀌어버립니다. 게다가 잘 생각해보면 이 스킨십으로 덕을 본 것은 공주가 아니라 왕자입니다. 공주는 어차피 시간이 지나면 깨어날 것인데 왕자가 타이밍을 잘 잡은 덕에 공주와 결혼하게 되었으니까요. 100년 동안 스톱되어 있던 공주의 나라도 결혼을 통해 왕자의 것이 됩니다.

이렇게 생각하니 '공주가 너무 순진한 게 아닌가'란 생각이 드네요. 경제학에는 '한계 효용 체감의 법칙'이란 게 나옵니다. 정말 배가 고파 허겁지겁 입에 넣는 첫 숟가락은 아주 큰 즐거움을 주고 허기를 메우는 도움(효용)을 주지만, 점차 배가 불러오면 한 숟가락마다 느껴지는 즐거움과 에너지 충전 도움은 줄어들게 됩니다. 이 법칙은 한 숟가락마다 우리가 얻을 수 있는 즐거움과 도움의 크기(한계 효용)가 점차 시간이 지나고 욕구가 충족될수록 줄어든다는 뜻입니다. 이 법칙은 예외 없이 공주에게도 그대로 적용됩니다.

만일 왕자의 키스가 정말 저주를 푸는 열쇠이고, 공주가 잠이 든 지 1년 후에 왕자가 왔다고 가정해보죠. 공주 입장에서는 99년의 시간을 절약한 셈이니 감사의 마음이 들 겁니다. 하지만 왕자가 잠이 든 후 99년 후에 왔다고 하면 어떨까요? 고맙긴 하지만 그

전에 왔다면 느꼈을 고마움과 감사의 크기가 줄어들었을 겁니다. '한계 감사 체감의 법칙'이라고 부를 수 있는 이 법칙에 근거해서 생각해보면, 공주가 왕자에게 큰 고마움을 느끼려면 가능한 저주의 기간이 많이 남아 있을 때 등장해야 합니다. '한계 필요 체감의 법칙'에 따르면 저주 풀릴 날이 이제 며칠 안 남았다면 와도 그만 안 와도 그만이겠죠. 필요할 때 와줘야 고마움이 큰 거지, 점차 필요성이 줄어드는 시점에서 '와서 고맙지? 내가 필요했지?'라고 하는 건 이상하니까요.

그러니 공주는 자신이 물려받은 성과 나라와 백성을, 감사와 필요성이 많이 줄어든 상태에서 나타나준 왕자와 공유하게 되는 셈인데, 이러면 왕자가 덕을 본 것이지 공주가 덕을 본 것이라 하기 어렵습니다. 그리고 보면 왕자가 100년 동안 잠자고 있던 공주의 입에서 풍길 구취를 꾹꾹 참아가며 키스를 한 보람이 있는 것일지도 모르겠네요.

예쁘면
죽은
여자라도
좋다고?!

　　이제 찌질이 왕자님의 마지막 선수로 백설공주 이야기의 왕자가 남았습니다. 이 왕자야말로 정말 찌질이 변태의 최고봉이라 할 수 있는데, 사실 백설공주 이야기 전체가 찌질한 남자들의 전시회장이니 그것부터 살펴보도록 하죠.

　　백설공주 이야기에는 10명의 중요한 남성 캐릭터가 나옵니다. 아빠인 왕, 왕비에게 백설공주를 없애라고 명령 받은 사냥꾼, 그리고 일곱 난쟁이, 마지막으로 백마 타고 숲 속을 가던 중이라고 우리가 믿고 있는 왕자님. 왕자님의 시종이 몇 명 등장하지만 제외하는 길로 합시다.

　　이들 10명의 남성 캐릭터에게는 공통점이 하나 있습니다. 바로 여성의 가치를 외모와 집안일 하는 노동력으로 보는 아주 고루한 생각의 소유자들이란 점입니다. 왕은 무척이나 아름다웠을 백설공주의 생모가 죽자 새 왕비로 나라 최고의 미녀를 맞아들입니다. 진실만을 말하는 거울이 새 왕비가 세상에서 제일 예쁘다고 말했으니 최고의 미인임이 분명하겠죠.

그렇다면 왕이 마녀를 왕비로 맞은 것은 그 아름다움 때문이었을 것입니다. 그녀의 성품과 행실을 잘 파악했다면 아마도 절대 성에 들이진 않았을 테지만, 이 왕도 신데렐라의 왕자님과 마찬가지로 일단 예쁜 것에 마음을 뺏기면 다른 것은 고려하지 않는 스타일인가 봅니다. 어려움을 겪는 소녀가 주인공으로 등장하는 대부분의 전통적 성장 동화를 보면 아버지의 역할이 미미하거나 오히려 아버지가 시련을 부가하는 존재이니 이 왕도 별 수 없이 이 부류에 들어간다고 치고 사냥꾼으로 넘어가봅시다.

사냥꾼은 두둑한 보상을 받고 숲 속으로 백설공주를 데려가 죽이려고 하지만, 마지막 순간에 와서 백설공주를 차마 죽이지 못합니다. 백설공주가 살려만 주면 숲 속 깊이 들어가 다시는 나타나지 않겠다며 애원했기 때문이죠. 원작 동화에서는 이렇게 묘사되어 있습니다.

'사냥꾼은 아름다운 백설공주가 가여워졌습니다.'

사냥꾼이 백설공주를 죽이지 못한 이유는 그녀가 신분이 높은 공주여서도 아니고, 그가 생명 존중의 정신을 지녀서도 아닙니다. 백설공주가 아름다웠고, 그래서 간청하는 그녀가 가여웠습니다. 예쁘면 모든 것이 용서된다고 했던가요. 외모가 뛰어난 이성에게 더 높은 학점을 부여하거나, 모의재판 과정에서 더 낮은 형을 구형한다는 각종 심리학 실험 결과를 봐도 자비를 베푸는 데에 외모가 한몫 단단히 하고 있음이 분명합니다.

결국 백설공주를 살려준 사냥꾼은 멧돼지의 허파와 간을 가져다 공주의 심장이라고 속여 왕비에게 바치고, 왕비는 이것들을 요리해서 먹습니다. 이렇게 무서운 인물인 왕비를 속여 자신이 죽임을 당할지도 모른다는 리스크를 감수하면서까지 사냥꾼은 백설공주를 살려줍니다. 왜 그랬다고요? 아름다웠으니까요. 얼굴이 못생긴 공주였다면 이야기는 여기에서 끝날 운명이었을 겁니다.

그럼 난쟁이들은 어떨까요? 일을 하러 간 사이에 난쟁이 집으로 도망쳐 들어온 공주는 집에 있는 음식을 허겁지겁 먹어치우고는 침대에 누워 잠이 듭니다. 난쟁이들은 잠들어 있는 아름다운 그녀를 보고는 '신이 나서' 깨울 생각도 하지 못합니다. 그리고 다음 날 아침, 공주의 이야기를 듣고는 다음과 같은 조건을 달아 같이 지내도 좋다고 허락합니다.

"우리를 위해 요리를 하고 잠자리를 봐주고 씻겨주고 바느질과 뜨개질을 하고 집을 깔끔아세 성논해수면 우리와 함께 살아도 좋아요. 그 대신 우리는 당신이 원하는 모든 것을 드리겠어요."

간단히 말해 살림살이는 물론 목욕까지 시켜달라는 요구네요. 백설공주는 흔쾌히 받아들입니다. 당시로 보면 가장 사회적 신분이 낮았을 난쟁이까지도 공주가 여자라는 이유로 집안일과 목욕까지 부탁하는 남성적 사고에서 벗어나지 않은 모습입니다. 게다가 씻겨달라니! 이 대목은 19금 동화로 발전할 가능성이 있다는 점만 언급하는 정도로 하고 넘어가도록 하죠. 물론 주거침입죄에 해당하는 그녀를 당장 침대에서 깨워 내쫓지 않고 다음 날 아침까지 진득하니 기다려준 것은 그녀가 예뻤기 때문이란 점은 말할 것도 없겠죠.

동화 속 남자들의 이런 남성 지배적이고 외모지상주의적 사고는 왕자의 등장으로 최고조에 달합니다. 왕자는 유리관에 죽어 누워 있는 아름다운 백설공주를 보고는 한눈에 반합니다. 그리고는 걱정하는 난쟁이들에게 백설공주의 유리관을 자신에게 달라고 합니다.

"내가 정성을 다해 아껴줄 테니 염려 말고."

처음엔 이 세상 금을 전부 주어도 안 된다고 했던 난쟁이들도 왕자의 진지함에 꺾여 결국 관을 내어주고 맙니다. 그런데 이 대목 참으로 수상하지 않은가요?

애들아 그 죽어 있는 여자를 나에게 주지 않으련?

독일 동화집에 실린 <백설공주> 삽화(illustration by Walter Zweigle, 1919)

왕자는 공주가 이미 죽어 있다는 것을 알고 있습니다. 왕자가 찾아온 때는 백설공주가 유리관에 안치되고 나서도 오랜 세월이 흐른 후입니다. 다만 죽어서도 방부제 처리가 된 듯해서 잠을 자는 것처럼 보일 뿐입니다. 죽어서 관에 들어 있다는 것을 알면서도 그는 정성을 다해 아껴줄 테니 백설공주를 자기에게 달라고 떼를 씁니다. 아름다운 그녀의 얼굴을 보지 않고는 살아갈 수 없다면서요. 그런데 죽은 사람을 아껴 준다는 것은 무슨 의미일까요? 예쁘면 생사와 상관없이 사랑의 대상이 될 수 있다는 말입니다. 제정신으로는 이해하기 힘든 이 왕자님, 네크로필리아(Necrophilia, 시체애호증)라고 하는, 살아 있는 이성과의 관계에서는 성적 흥분을 느끼지 못하고 시체밖에 사랑하지 못하는 비정상적인 성도착증을 의심하게 만드네요.

피에트로 파제타Pietro Pajetta의 <증오(Der Hass, 1896)>

간혹 미스터리 스릴러 영화나 소설에 등장하는 이 변태적 성향은 정상적인 이성과의 관계가 거의 불가능합니다. 정상적인 관계에서의 이성이라면 자신의 요구를 거절할 수도 있고 화를 낼 수도 있는데, 이 성향의 사람들은 이런 거부 상황에 많은 불안과 두려움을 느낍니다. 그래서 자신이 관계를 완전히 지배하고 통제할 수 있는 상대방, 즉 의사표현이 불가능한 시체를 사랑의 대상으로 삼고 성적 흥분을 느끼는 거죠. 그러니 이 왕자님, 죽은 자가 아름답기 때문에 사랑의 대상으로 삼을 수 있다는 건 자신의 변태적 성향을 오롯이 드러내는 말이기도 합니다.

한발 더 나아가 원작 동화에서 죽어 있던 백설공주를 되살리는 건 왕자가 아닙니다. 유리관을 들고 가던 도중, 시종 하나가 덤불을 타넘다 비틀거리는 바람에 백설공주의 목에 걸려 있던 독사과

조각이 튀어나와 공주는 다시 살아납니다.

　많은 사람들이 백설공주가 왕자의 키스로 살아난다고 알고 있는데, 이는 디즈니 애니메이션에서 각색된 부분일 뿐입니다. 만일 정말 죽은 백설공주에게 키스를 해서 살아나게 했다고 하면 그거야 말로 진정한 네크로필리아의 증거일 뿐이겠죠. 잠자는 숲 속의 공주야 분명 숨 쉬는 상태에서 잠을 자니 성추행이라고 하겠지만, 죽어 있는 공주에게 키스를 하다니! 디즈니사도 로맨스와 판타지를 위해서 마구 변태 왕자를 미화시키는 과감성을 발휘한 셈인데, 우리들은 이를 알아차리지 못하고 아름다운 생명의 입맞춤이라고 여기고 있습니다.

　결국 백설공주의 원작 동화에서도 왕자는 공주를 되살리는 데 기여한 바가 없네요. 공주가 회생한 건 그저 운이 좋았기 때문일 뿐입니다. 아, 되살아난 공주를 자신의 성으로 데려가 결혼을 했

실제 성관계로
이어지기 전에
체포되었지만
시체애호증 사건으로
화제가
되었다네요.

NECROPHILIA FORBIDDEN　　JULY 12 2008 18:06h

VIDEO: Boys Dig Dead Girl's Body Out To Have Sex

Three boys ended up in court for trying to dig out the body of a 20-year-old girl from her grave and have sex with her.

Until a few days ago, sex with dead people was legal, but due to public pressure, the Supreme Court of Wisconsin declared necrophilia forbidden, foreign media report.

2008년 미국에서 성관계를 위해 여성 무덤을 훼손한 3명의 소년 사건을 다룬 뉴스

다는 점에선 분명 왕자가 백마 탄 왕자의 역할을 하긴 했네요. 공
주가 마녀 왕비가 있는 성으로 돌아갈 수는 없었을 테니 그녀에게
새로운 세상을 부여한 셈이니까요.

그런
왕자들에게도
다
사정이
있었다고?

    물론 이런 찌질하고 변태적인 성향까지 지닌 왕자들도 나름의 사정이 있었을지도 모릅니다. 원작동화가 구전되던 당시에는 첫째 왕자가 왕국을 물려받았기 때문에, 왕국을 물려받지 못하는 둘째나 셋째 이하의 왕자들은 왕국을 떠나 이곳저곳을 방랑하면서 딸만 있는 왕이나 영주들의 눈에 들어 결혼하는 전략을 펼쳤다고 합니다.

    동화에서 왕자들이 '지나가다 공주와 만나는' 과정에는 바로 이런 슬픈 배경이 숨어 있을 가능성도 있습니다. 잠자는 숲 속의 공주나 백설공주의 잉지는 결국은 공주의 나라까지 자신의 것으로 할 수 있으니 이 전략에 맞추어서 성공적으로 결혼을 했다고 할 수 있겠죠.

아름다움을 보는 사회적 관점에서 왕자들에게 면죄부를 부여할 가능성도 없는 것은 아닙니다. 19세기까지 유럽 사회에서 사람을 판단하는 주요 기준은 아름다움보다는 지위와 부였습니다. 당시만 해도 아름다움은 대체로 위험하고 파괴적이며, 욕망을 불러일으키고, 젊은이들을 유혹하여 사회적으로 바람직하지 못한 결혼을 하게 만든다고 여겨졌습니다. 그래서 아름다운 여성들은 첩이나 정부, 고급 매춘부로 생활해야 하는 경우가 많았다고 합니다. 아름다운 여성은 왕의 여자가 될 수는 있었지만, 오히려 그 아름다움 때문에 왕비가 되기는 어려웠던 것이죠.

당시는 정략결혼이 대세였기 때문에 왕비에 대한 왕의 애정은 거의 존재하지 않았고, 때문에 왕이나 왕자는 권력자로서 단순히 쾌락과 욕망에 따라 자연스럽게 미모의 여성에 빠지곤 했습니다. 만일 동화 속 왕자들이 왕위를 상속받지 못하는 왕자였다면, 그들은 어차피 정략결혼과는 인연이 없었으므로 아름다운 여성을 처음부터 결혼상대로 삼았을 가능성도 있습니다. 하지만 이럴 경우라도 물려받을 재산이 없는 자신의 처지를 고려한다면 못생겼지만 재산이나 지위가 있는 여성과 결혼하는 것이 더 현실적인 선택이었을 것입니다.

아름다움은 거부할 수 없는 절대적 유혹이라는 측면에서 왕자들을 옹호할 수도 있습니다. 아름다움에 대해 플라톤과 소크라테스의 문답형식으로 구성된 '파이드라(Phaedras)'에서 소크라테스는 단순한 육체적 아름다움에 대해 다음과 같이 말합니다.

"모든 인간은 육체적인 아름다움의 노예가 될 운명을 타고 났다.… 속된 인간들은 마치 짐승들처럼 앞 다투어 쾌락을 쫓고 자손을 낳는다."

남성에게 아름다운 여성은 육체적 쾌락을 증폭시키는 역할을 합니다. 때로는 이런 이유로 아름다운 상대와 관계를 가져 우월한 유전자를 후대에 남기려고 하는 목적보다는, 아름다운 상대와의 성행위 그 자체가 주는 쾌락이 크기 때문에 아름다운 이성을 갈구하는 경향도 있습니다.

만일 아름다운 여성을 통해 우월한 유전자를 많이 남기려는 진화론적 해석이 옳다면 아름다운 여성은 많은 아이를 낳아야 하지만, 과거든 현재든 이런 아름다운 여성은 자신의 미모 유지에 마이너스로 작용하는 출산을 기피하며, 남성들조차도 상대 여성의 미모가 훼손되는 임신과 출산을 원하지 않는 경향이 있습니다.

그러니 왕자들이 미모 지상주의에 빠져 있다고 하더라도, 그들도 어쩔 수 없는 남자라는 동물이었다는 정도로 이해하고 넘어가는 게 낫지 않을까요.

왜
슈퍼히어로는
거추장스런
망토를
입을까?

동화 속 왕자들은 찌질이일지 모르지만, 영화나 애니메이션에는 다른 멋진 남성도 많이 나옵니다. 완력을 써서 적을 무찌르기도 하고, 머리를 써서 위기에서 빠져나오기도 하며, 끝까지 범인을 쫓아 문제를 해결하기도 합니다. 이런 멋진 남성중에서 가장 두드러져 보이는 캐릭터는 누가 뭐래도 슈퍼히어로겠죠.

그들은 뛰어난 능력만으로도 사람들을 열광하게 만들지만 한편으로는 그들의 코스튬(패션)이 그들의 매력을 한층 더 끌어올리는 역할을 합니다. 그런데 이 슈퍼히어로 작품을 보고 있으면 왠지 납득이 가지 않아 속이 개운치 않을 때가 있습니다. 발칙한 의문에 대한 욕구가 스멀스멀 일어서입니다. 그래서 생긴 발칙한 의문.

'근데 왜 얘들은 싸울 때 거추장스러운 망토를 굳이 하고 다니는 걸까?'

이런 의문은 영화 〈300〉에서 근육질의 전사들이 붉은 망토를 휘날리며 전장을 누비는 모습을 보면서 '저 친구들 멋지기는 한데 저러다 망토가 발에 걸려 넘어지는 거 아냐? 저런 위험성을 감수하면서까지 웃통을 벗어젖히고 망토는 꼭 두르고 다니는 이유는 뭘까?'라는 당돌한 상상을 했기 때문입니다. 슈퍼맨, 배트맨 같은 슈퍼히어로는 불편한 기색도 없이 긴 망토를 입고 다니면서 몸도 자유자재로 움직입니다. 어쩌면 망토가 있으니 더 멋진 슈퍼히어로로 보이기도 하고요. 아무리 그래도 그들도 망토가 몸에 휘감겨서 분명히 불편할 겁니다.

여러모로 망토 때문에 불편했을 텐데, 슈퍼히어로라 불평도 못하고 ….

망토를 맨 슈퍼맨의 늠름한 모습

'슈퍼히어로는 왜 거추장스런 망토를 하는가'에 대한 의문을 풀어보기 위해 누가 망토를 하고 있었나를 살펴보면 꼭 망토가 슈퍼히어로의 전유물은 아닌 것을 알 수 있습니다. 살펴보니 나쁜 놈도, 착한 놈도, 이상한 놈도 모두 입었던 게 망토였네요.

우선 망토는 전사 계열 캐릭터가 특히 선호하는 패션 아이템입니다. 만화를 좋아한다면 인기 만화 〈베르세르크〉의 주인공인 가츠가 떠오를 것이고, 영화를 좋아한다면 근육질의 상의 탈의한 남성들이 등장하는 영화 〈300〉이 떠오를 겁니다. 엄청난 크기의 칼을 휘두르면서도 그 긴 망토를 하고 있어야 하니 당연히 신체적 조건이 구비되어야 하겠죠. 그래서인지 이 계열의 캐릭터들은 자주 근육질 몸을 보여주는 편입니다.

얼굴은 해골인데 몸은 살집 좋은
식스팩에 몸짱, 황금박쥐

두 번째는 악의 계열 캐릭터입니다. 드라큘라나 뱀파이어도 망토를 두르고 있는데, 보통 우리가 악마의 이미지에서 상상하듯 깃을 세운 검은 망토라는 점이 특징이네요. 대부분은 바깥쪽이 죽음과 암흑을 상징하는 검정색, 안쪽이 생명과 피를 상징하는 빨간색으로 되어 있는 망토를 하고 있습니다. 1970년대 TV 애니메이션 시리즈로 인기를 끌었던 〈황금박쥐〉나 〈요괴인간〉도 이 계열에 속하는 망토를 하고 있죠.

세 번째는 루팡의 계보를 잇는 괴도 캐릭터들입니다. 가장 최근에 두드러진 활약을 하는 것은 만화와 애니메이션 〈명탐정 코난〉에서 하얀 망토를 휘날리며 '뿅' 하고 나타나서 '획' 하고 사라지는 '괴도 키드'입니다. 그의 망토는 행글라이더로 순식간에 바뀐다는 점에서 배트맨의 망토와 유사한 기능을 가지고 있죠. 〈달의 요정 세일러문〉에서 세일러 전사들을 도와주는 의문의 신사인 '턱시도 가면'도 정체를 알 수 없는 괴도 캐릭터에 가깝지만 망토의 색상은 악의 계열이네요.

마법사와 마녀 캐릭터도 망토를 입습니다. 디즈니 애니메이션에서 백설공주의 마녀가 악의 계열 망토를 입고 있고, 해리포터도 작은 망토라고 할 수 있는 케이프를 하고 있습니다. 미소녀 마법사가 나오는 만화나 애니메이션에는 대부분 작은 케이프를 두른 캐릭터가 등장합니다.

미지막으로 왕과 같이 사회적 지위가 높은 캐릭터도 망토를 누릅니다. 사회적 지위가 높으면 높을수록 망토는 크고 길어지죠.

영화에서는 황제나 교황들이 나올 때 어김없이 길고 긴 망토를 두르는데, 만화 〈북두의 권〉에 나오는 라오우도 망토를 두르고 있네요.

망토가 구도의 중앙에 위치해 있어서 유난히 눈에 띄네요.

자크 루이 다비드Jacques Louis David 작품 〈나폴레옹 대관식(Couronnement de Napoléon), 1806〉의 일부

이렇게 다양한 캐릭터들이 망토를 하고 있지만 그래도 역시 망토는 슈퍼히어로가 하고 있어야 제 맛이 납니다. 슈퍼히어로와 망토의 관계는 1930년대 미국 DC코믹스를 통해 등장한 슈퍼맨과 배트맨이 시작이라 할 수 있습니다. 그 후에 〈그린 랜턴(1940년 초기 작품. 1959년 2대부터 망토가 사라짐.)〉, 〈천둥의 신 토르〉를 비롯해 여러 슈퍼히어로가 뭔가를 걸치고 나오게 되죠. 슈퍼히로인인 원더우먼조차도 성조기 문양의 망토를 입고 등장할 정도였답니다.

미국에서 시작된 망토의 유행은 일본으로 건너가 만화나 애니메이션 속에서 활짝 꽃피게 됩니다. 1970년대 인기리에 방송된 TV시리즈 〈독수리 오형제〉는 새의 콘셉트를 차용했다는 점에서 날개를 상징하는 망토를 두르고 있죠. 사각의 링에서 정의를 외

활동이 뜸해서 그런지 그새 덩치가 좀 더 커진 것 같네요.

2006년 뉴욕 게이 프라이드에 등장한 원더우먼과 슈퍼 걸 (photo by Boss Tweed, 2006)

쳤던 〈타이거 마스크〉의 망토는 후에 〈근육맨〉으로 이어졌고, 미국에서 〈파워레인저〉로 리메이크된 슈퍼 전대 시리즈의 주인 공들도 작은 케이프 형태의 망토나 스카프를 두르고 있습니다. 아 동용 애니메이션인 〈호빵맨〉에 등장하는 호빵맨, 식빵맨, 카레 빵맨도 각자 자기 스타일의 망토를 하고 있습니다. 그 덕택인지 몰라도 1970, 80년대에는 이런 캐릭터를 흉내 내느라 보자기를 어깨에 두르고 담장이나 장독대에서 뛰어내리다 다친 아이들의, 웃지도 울지도 못할 기사가 등장했을 정도입니다.

슈퍼히어로들이 왜 망토를 하고 있는지 생각해보면 우선 날개 의 상징성 때문이겠죠. 망토를 두른 히어로들 대부분은 하늘을 나 는 능력을 가지고 있으니까요. 물론 배트맨이나 독수리 오형제처 럼 박쥐나 새의 날개라는 식으로 망토가 비유적 역할을 하기도 하지만, 그보다 중요한 것은 슈퍼맨이나 호빵맨처럼 하늘을 날 때 펄럭이는 역동적 이미지를 부여하기에 망토만큼 훌륭한 패션은 없기 때문일 겁니다. 독수리나 콘도르가 넓은 날개를 활짝 펼쳤을 때의 모습을 보고 있노라면 그 압도적인 카리스마에 저절로 탄식이 나오듯, 하늘을 나는 슈퍼히어로의 멋진 망토 액션은 비주얼만으로 압도적일 테니까요.

슈퍼히어로가 망토를 하는 두 번째 이유는 적과 싸울 때 망토가 날리는 비주얼적인 임팩트 때문입니다. '스파르타!'를 외치며 적진을 헤치고 다니는 전사들처럼, 수많은 적에 둘러싸여서도 망토를 좌우로 펄럭이며 몸을 돌리면서 펀치를 날리는 슈퍼히어로의 역동적 액션은 항상 감독들이 슬로모션으로 보여주고 싶어 하는 최고의 하이라이트 신일 겁니다.

하지만 과연 이렇게 멋진 화면발을 위한 것이 다일까요? 멋지게 보이려고 했다면 스파이더맨에게도 작은 망토 하나쯤은 달아주어야 했던 건 아닐까요? 날아다니는 캐릭터를 부각한다면 아톰에게도 스카프 정도는 매어주어야 하는 건 아닐까요? 게다가 하늘을 날거나 싸움을 할 때 정말 망토가 멋진 비주얼만큼 효과가 있긴 한 걸까요?

망토는 스스로 날갯짓을 할 수 있는 힘을 가지고 있지 않습니다. 새의 날개와는 질적으로 다르죠. 그래서 날개와 다르게 방향 전환이나 강약을 조절하는 것도 불가능합니다. 비행기 날개처럼 부력을 이용하기 위해 날개의 일부를 움직이는 기능도 없습니다.

그저 공기의 흐름에 따라 펄럭댈 뿐이죠. 펄럭대는 망토는 오히려 공기 저항을 크게 해서 날아가는 데 방해가 될 뿐입니다. 그러니 스스로 하늘을 나는 능력이 있는 슈퍼히어로라면 차라리 망토를 벗어던지는 편이 더 빠르고, 더 편하게, 더 안전하게 날아다닐 수 있을 겁니다.

사건이 발생하면 망토를 휘날리며 달려가는 슈퍼히어로는 어떨까요? 멋지게는 보이겠지만, 실제로 몸집만한 망토를 입고 달려보시면 금방 알게 됩니다. 누가 뒤에서 잡아당기는 느낌이 들 만큼 공기저항이 강하다는 것을요. 육상선수들이 몸에 딱 붙거나 비키니 수영복에 가까운 운동복을 입는 이유가 바로 공기저항을 줄여 빨리 달리기 위해서입니다. 그럼 슈퍼히어로는 빨리 현장에 가기보다는 폼을 살리고 싶다는 욕망이 더 큰 건 아닐까요?

펀치가 난무하는 액션 현장을 보죠. 전설의 액션 스타인 브루스 리(이소룡)는 싸움이 시작되면 입고 있던 가벼운 옷조차도 벗어던져버립니다. 그 괴상한 기합 소리와 함께 말이죠. 복근을 자랑하고 싶어서가 아니라 몸에 걸치고 있는 건 무엇이든 날렵한 몸동작에 방해가 되기 때문입니다. 갱 영화를 보면 멋진 바바리코트를 소매도 꿰지 않고 어깨에 걸치고 다니다가 싸움이 시작되면 코트를 던지고 앞으로 달려 나갑니다. 프로레슬링 경기에서 레슬러가 입장할 때까지 멋진 망토를 걸치고 있다가 링 위로 올라갈 때 벗어던지는 것도 같은 이유입니다. 가능한 한 단출한 패션이 싸움에 유리하기 때문이죠. 헐크조차도 입고 있던 셔츠를 찢어 던지고 핫

팬츠 사이즈의 바지만 걸치고 있을 정도네요.

날아다닐 때도, 달릴 때도, 싸울 때도 도움이 되기는커녕 장애와 방해만 되는 이놈의 망토. 그런데 왜 슈퍼히어로는 장착하고 다니는 걸까요? 거기엔 아마도 뭔가 비밀스런 이유가 숨어 있는 것 같습니다.

슈퍼히어로의
마음속엔
공작이
있다?!

수컷 공작은 암컷과 달리 길고 화려한 꼬리깃털을 가지고 있습니다. 이 꼬리깃털은 화려함의 극치를 보여주는 것이라 예로부터 많은 권력자들이 장식용으로 사용했지만, 정작 수컷 입장에서 보자면 적이 공격할 때 눈에도 잘 띄고 도망치는 데도 방해가 되니 현실적으론 애물단지일 뿐입니다. 실제로 화려하고 큰 꼬리깃털 덕에 수컷 공작의 비행실력은 다른 새들에 비해서 떨어지고 당연히 체공 시간도 짧습니다.

그럼 왜 수컷 공작은 이 애물단지 같은 꼬리깃털을 가지게 되었고, 시도 때도 없이 깃털을 펼쳐 보이며 자랑하고 있는 것일까요? 수컷의 숭고한 가족 사랑의 마음을 생각한다면 적의 시선을 끌어

암컷이나 새끼들이 공격당하는 것을 보호하기 위한 것이 아닐까 하지만, 이것도 조금 무리가 있는 해석이네요. 새 중에는 이런 목적으로 땅에서 가까이 날다가 힘없이 떨어지는 척을 반복하는 놈도 있다고 합니다. 공격자는 쉽게 잡을 수 있는 놈이라고 판단하고 다가가지만 막상 다가가면 살짝 날아가버리고 또 같은 동작을 반복합니다. 그러는 사이 점점 자신의 둥지와 적의 거리를 떨어뜨리는 것이 이 새가 노리는 전략입니다. 아무리 암컷과 새끼가 중하다지만, 공격자가 나타날 때마다 수컷이 시선 끌기만 하다가 죽을 팔자라면 수컷 자체가 남아나질 않을 테죠. 진화론은 그렇게 호락호락하게 개체가 자신의 생명유지 본능을 포기하게끔 되어 있지 않다고 말해줍니다.

그럼 암컷과의 관계에서 꼬리 깃털이 무엇인가의 역할을 하고 있다는, 이른바 성(性)선택설에 의거한 또 다른 진화론의 관점을 생각할 수 있습니다. 암컷이나 수컷은 자신에게 유리한 짝짓기가 되도록 진화해왔다는 관점입니다. 수컷 공작은 번식기가 되면 꼬리 깃털을 펼쳐 보여 암컷을 유인합니다. 재미있게도 암컷 공작은 날기에는 불편하지만 크고 화려한 꼬리 깃털을 가진 수컷을 좋아합니다. 실제로 말이죠. 실험을 해보면 암컷들은 하나 같이 여러 마리의 수컷 중에 큰 꼬리 깃털을 가진 수컷과 짝짓기를 하려고 한답니다. 그럼 왜 암컷은 적의 공격에 취약할 뿐만 아니라, 먹이 발견이나 비행 능력 등과 관계가 없어 보이는 꼬리 깃털을 기준으로 수컷을 선택하는 걸까요? '난 이렇게 적에게 잘 노출되고 도망치기도 힘들어요'라고 일부러 자랑하는 놈을 선택하지는 않을 것 같은데 말이죠.

진화론의 아버지인 다윈Charles Darwin조차도 "공작새의 꼬리 깃털을 바라볼 때마다 울화가 치밀어 오른다!"라며 이 숙제를 풀지 못해 푸념을 늘어놓았다고 합니다. 생물은 종족을 번식하고 개체를 유지하기에 유리한 쪽으로 진화를 한다는 자신의 자연선택이론으로는 공작새의 꼬리가 진화된 이유를 설명할 수 없었기 때문이었죠. 여기에 정답은 아닐지 모르지만 그럴듯한 답을 한 사람이 있습니다. 발칙한 의문에 나만의 답을 말하는 것처럼 말이죠. 바로 자하비Amotz Zahavi라는 이스라엘의 진화생물학자입니다. 그는 수컷 공작의 비밀을 '핸디캡 원리(Handicap Principle)' 또는 '장애 이론'이라는 용어로 설명합니다.

수컷 공작은 자신에게 핸디캡이 되는 꼬리를 오히려 암컷에게 과시함으로써 "나는 강하고 건강하며 힘이 넘치기 때문에, 사실 전혀 쓸모가 없을뿐더러 오히려 내게 방해가 되는 이런 크고 화려한 꼬리 깃털을 가지고도 문제없이 살아갈 수 있어요. 어때요? 멋있죠?"라고 말하고 있다는 것이 이 이론의 설명입니다. 왜냐하면 장애가 있음에도 지금 이렇게 멀쩡히 살아 있다는 사실은 자신이 얼마나 난관을 잘 극복할 능력이 뛰어난지를 확인시켜주는 증거가 되기 때문이죠.

그래서 수컷은 꼬리 깃털이 지닌 핸디캡으로 인한 대가를 크게 치르면 치를수록 암컷에게 자신의 유전적 자질이 우수하다는 사실을 더 잘 알릴 수 있는 기회를 확보하게 됩니다. 그의 이론에 따르면 꼬리 깃털이 장애로 작용할수록 더 많은 암컷의 선택을 유도하게 되고, 그래서 크고 화려한 쪽으로 진화되게 되었다고 하네요. 이때 핸디캡은 자신이 좋은 유전자를 갖고 있다는 것을 만천하에 보여줄 수 있는 기능을 합니다.

진화생물학 같이 첨단 학문에서 나온 이론을 슈퍼히어로의 망토에 갖다 붙이는 발칙함을 두려워하지 말고 용기를 내보면 슈퍼히어로가 굳이 불편하고 장애만 되는 망토를 고집하는 이유도 알 것 같네요. 슈퍼히어로는 바둑의 고수들이 하수들과 경기를 할 때 일단 몇 점 깔아주고 시작하거나, 아마추어 골퍼들이 필드에서 핸디캡을 적용하는 것처럼, 평범한 사람들보다 더 뛰어난 능력을 가지고 있다는 것을 망토를 통해 과시하고 있는 셈입니다. 그들은 보통 사람이라면 거추장스러운 패션을 하지 않아도 이기기 어려운 상대를, 움직이는 데 장애가 되는 망토라는 핸디캡까지 안고도 거뜬히 싸워 이길 수 있다는 걸 과시함으로써 자신들이 진정한 초월적인 힘(super power)을 지닌 영웅이라는 것을 얄밉게도 적절히 보여주고 있습니다. 그래서 그들이 던지는 메시지는 이렇게 해석할 수 있습니다.

"나를 바라보는 남성들이여! 까불지 마라. 넌 애당초 이 몸과는 상대도 안 된다. 나를 바라보는 여성들이여! 얼마나 내가 멋있는지 보아라. 난 네 주변에 있는 그저 그런 남자들과는 확실히 다르다."

그러니 망토는 적에게 카리스마를 보여주기 위한 위엄의 패션이 아니라, 같은 편인 남자에게는 주눅을 들게 하고 여자들에게는 멋진 상대라는 우월성을 과시하기 위한 장치인 셈입니다. 한마디로 '난 엄청난 수컷이야!'를 보여주는 것이죠. 하지만 '이거 너무 지나치게 마초주의적인 관점에서 슈퍼히어로를 왜곡하는 건 아니냐'는 의견이 있을 수 있습니다.

배트맨과 공작의 남다른 공통점?

이 망토의 비밀을 찾아가는 데에 빠져서는 안 될 것이 역사와 시대 흐름입니다. 망토를 두른 슈퍼히어로인 슈퍼맨이 탄생하여 세계적으로 각광을 받았던 1930년대에서 1970년대까지는 '힘(무력)'이 우월함의 기준이 되던 마초주의적 시대였습니다. 당시에는 여성이 지닌 소프트 파워에 눈을 돌리는 사람이 거의 없었죠. 1918년 1차 세계대전이 끝나고 각국은 부국강병을 최고의 캐치

프레이즈로 내걸었고, 곧이어 터진 2차 세계대전 후 냉전이 지속되면서 무력 확장에 힘쓰던 시대였습니다. 이 시기 자주 쓰이던 단어는 '산업 전사'였습니다. 산업 현장에서 일하는 아버지들은 로마가 제국을 확장하던 시대에 활약했던 전사가 되어 움직였습니다. 어떤 곤란과 역경이라도 이겨낼 수 있으며, 지금 자신이 가진 핸디캡도 이겨낼 수 있다는 점을 과시해야 살아남을 수 있었습니다. 당시 여성들도 이런 굳건함과 힘을 가진 남성들을 멋지다고 여겼고 그런 남성에게 마음을 주었습니다. 시대의 욕망이 만들어 낸 슈퍼히어로는 이렇듯 당시를 살아가던 사람들의 욕망이 투영된 결과물이었다는 점도 기억해야 합니다.

왜 미소녀 전사들마저 변신을 하는 걸까?

망토를 휘날리며 세상을 구하는 멋진 슈퍼히어로. 그런데 그들 대부분은 변신을 합니다. 망토도 변신 도구의 하나니까요. 변신이 코스튬(복장)을 바꿔 입는 거라면 배트맨이나 아이언맨도 변신을 하는 거네요. 스파이더맨, 원더우먼 등과 같은 다른 슈퍼히어로 캐릭터도 마찬가지입니다. 그들은 몸매 과시를 위해 쫄쫄이나 과감한 노출패션도 두려워하지 않습니다.

그러다 보니 특별히 패션이 바뀐다고 슈퍼히어로의 능력이 증가하는 것은 아니지만, 우리들은 변신을 하지 않은 슈퍼히어로가 힘을 발휘하는 스토리를 좋아하지 않게 되었습니다. '역시 슈퍼히어로는 변신해야 제 맛이다'라고 생각합니다.

카프카의 소설 『변신』의 주인공처럼 완전히 모습이 바뀌는 거라면 아마 헐크를 따라올 캐릭터는 없을 겁니다. 신체 사이즈는 물론 녹색으로 몸 색깔까지 바뀌는 데다 〈지킬박사와 하이드〉의 지킬박사 마냥 마음까지 진정한 괴물이 되니 그야말로 내면과 외면이 완벽한 변신을 이루는 캐릭터입니다.

몸의 체적이 늘어나도 견딜 수 있는 초강력 바지의 매력!

헐크의 박력 있는 모습

슈퍼히어로들이 변신을 하는 가장 큰 이유는 자신의 비밀스런 정체를 숨기고자 하는 이유가 가장 큽니다. 슈퍼히어로는 자신의 능력과 모습을 숨기고 일반인들과 함께 섞여 생활해야 하니까요. 그런데 변신을 해서 세상을 구하는 건 슈퍼히어로 뿐만은 아닙니다. 만화나 애니메이션에 단골로 등장하는 미소녀들도 변신을 하고선 작던 크던 세상을 구합니다. 1970년대의 〈요술공주 세리〉부터 시작해서 1990년대의 〈달의 요정 세일러문〉으로 정점을 찍었던 미소녀 전사의 계보는 지금도 계속 이어지고 있지만, 언제부터인가 변신을 해야 힘을 발휘하는 이야기로 바뀌었습니다. 요술공주 세리는 변신 없이 그저 마술지팡이만 휘두르면 되었는데 말이죠.

물론 그녀들이 변신을 하는 이유는 슈퍼히어로와는 사뭇 다를지 모릅니다. 슈퍼히어로가 마초적인 발상과 비밀스런 정체를 유지하기 위해 변신한다면, 그녀들은 어리고 힘없는 소녀로는 불가능한 일을 해내기 위해 보다 성숙한 여성으로 단시간에 성장해야 한다는 이유 때문에 변신하려 하는 것일 테니까요. 어쩌면 변신이라기보다는 '성숙'을 통한 변화가 목적이라 할 수 있겠네요. 그래서인지 유독 변신하는 과정에서 성숙미 물씬 풍기는 장면이 많은 것도 사실입니다.

이처럼 슈퍼히어로든 미소녀 전사든 모두 변신에 여념이 없습니다. 영웅들은 변신을 하고 세상을 구합니다. 사람들은 이들이 변신하는 장면을 숨죽이면서 바라보고, 이 장면은 영화나 애니메이션 속에서 극적인 효과를 내는 중요한 장면이 되었죠. 그래서 변신을 하게 되는 과정이 잘 표현되지 않으면 콘텐츠의 매력도는 떨어집니다. TV시리즈 애니메이션에서 같은 변신 장면이 매회 반복적으로 등장하더라도 시청자들은 변신 장면을 지루해하지 않고, 오히려 큰 매력 포인트라고 느낍니다.

그런데 왜 슈퍼히어로부터 미소녀들까지 죄다 이렇게 변신 중독이라고 할 만큼 변신에 빠져있는 것일까요? 혹시 이 변신이라는 단어에는 뭔가 피할 수 없는 매력이 숨겨져 있는 것은 아닐까요?

변신을
꿈꾸지
않는
당신은
패배자?

변신 이야기는 아주 오랜 옛날부터 많은 사람들의 흥미를 끌어왔고, 세계 어느 지역 신화나 민화에도 반드시 등장합니다. 그리스 신화에는 인간에게 불을 주었다는 프로메테우스를 비롯하여 변신의 달인들이 등장하고, 신화에 등장하는 변신 이야기만 모아놓은 『변신이야기』라는 책도 있을 정도입니다. 제우스가 부인 헤라의 감시를 벗어나 바람을 피려고 황금비로 변신하거나 바람 상대녀를 소로 변신시키는 이야기는 물론이고, 월계수가 된 다프네, 아네모네의 꽃이 된 미소년 아도니스, 수선화가 된 나르시스 등 식물로 변신하는 이야기도 많습니다. 우리나라 단군신화에 나오는 웅녀도 변신 이야기 주인공 중의 하나입니다.

치근덕대는 스토커인 아폴로를 피해 달아나면서 월계수로 변신하는 불쌍한 다프네

안토니오 델 폴라이올로Antonio del Pollaiolo의 <아폴론과 다프네(Apollo and Daphne, 1480년 경)>

신화나 설화에서 변신은 신이나 영웅, 능력자들이 보여주는 신비한 힘을 의미하기 때문에 빠져서는 안 되는 중요한 내용이었지만, 콘텐츠 열광 시대인 현대에 들어와서는 컴퓨터 그래픽 기술의 발달로 애니메이션뿐만 아니라 영화, 드라마에서도 등장하게 되었습니다.

변신(變身)을 단어 뜻 그대로 풀어본다면 몸이 바뀌는 것을 말하겠지만 결국은 '다른 존재가 되는 것'을 말합니다. 그런데 뭐와 뭐가 다른 존재란 것일까요? '나'를 주인공으로 하여 변신을 생각해 보자면, 먼저 어제와는 다른 새로운 존재로서 또 다른 '나'가 되는 것입니다. 어제의 나는 죽고 새로운 내가 태어나는 것. 그러니까

어제까지는 쌍꺼풀이 없었고, 여자에게 차이기만 했고, 공부도 못했고, 근육도 없었고, 가난한 부모를 두었고, 친구도 없었던 나였는데, 오늘은 얼짱, 몸짱에 똑똑하고 유복하고 인간관계 좋은 멋쟁이로 바뀐다는 거죠. 물론 현실성은 많이 떨어지는 이야기가 되겠지만요.

여기에는 타인이 바라보는 '나'가 바뀌는 것도 포함됩니다. 내 몸이나 지식, 조건 등 타인의 눈을 통해 겉으로 보이는 '나'가 변하는 것 말입니다. 내면은 변함이 없고 그저 외면만 변했어도 변신의 일종으로 간주해주는 것이죠. 화장이나 패션은 이런 변신을 용이하게 해줍니다. 그리고 보면 현대를 사는 우리는 너무나 쉽게 변신을 할 수 있습니다.

옛날 같으면 신화나 동화 속의 괴물, 악마, 요정, 신 등의 특별한 존재에게 해당했던 변신이라는 단어의 의미는 이처럼 '나'에게 다가오면서 조금 다른 의미로 바뀌었습니다. 변신은 변화를 의미하고, 변화는 시대를 따라가거나 앞서 나가는 힘이란 뜻으로 해석되기 시작했습니다. 그리고 더 나아가 변신이라는 단어는 발전과 개발이라는 단어와 맞물려 그야말로 긍정적 생활용어로 '변신'했습니다. 변신이 스스로 변신을 했다고나 할까요.

그 덕분인지 몰라도 현대를 사는 우리는 변신의 폭격에 그대로 노출되어 있습니다. 서울 강남 지하철역 계단의 좌우 광고판에는 변신을 유혹하는 성형외과 광고가 나란히 줄지어 붙어 있습니다. 케이블 TV 프로그램에서는 얼마나 성형으로 변신을 잘 하냐를 겨

루기도 하고요. 라디오 광고나 인터넷 광고도 변신을 시대의 트렌드로 외치고 있네요. 피부미용, 성형, 인공모발, 치아미백 같이 외모를 바꾸어주는 변신만이 아닙니다. 세련된 화법을 구사할 수 있게 해준다는 스피치 교실, 비즈니스 매너를 몸에 익히게 해준다는 매너교실, 폼 나게 옷을 입게 해준다는 패션 교실도 있습니다. 아니 어쩌면 가장 보편적인 변신의 마법지팡이는 서점에도, 강의실에도, 인터넷에도 널려 있는 자기계발 콘텐츠일지도 모릅니다. 지금까지의 당신은 진정한 당신이 아니니 열심히 갈고 닦으면 얼마든지 변화할 수 있고 성공을 손에 넣을 수 있다는, 그야말로 변신이 사회적 성공의 기본이라는 분위기를 만드는 데 혁혁한 공을 세우는 첨병입니다. 그래서 노숙자에서 억만장자로 변신하거나, 외판원에서 세계적인 팝페라 가수가 되거나, 꼴찌에서 하버드 대학생이 되는 변신이 찬탄을 받죠. 변신은 성공의 열쇠이고도 하고, 성공의 증거이기도 합니다.

이런 변신의 매력 때문에 우리는 자연스레 어떤 사람들이 어떻게 변신하느냐를 지켜보는 관음증에 끌려 다닙니다. 가뜩이나 타인의 삶을 들여다보고 싶은 우리의 욕망을 부추겨, 어떻게 사람들이 바뀌어 가는지를 같이 지켜보고 있죠. 아이들이 성장하는 모습을 보여주는 예능 프로그램이나 가수 발굴을 위한 오디션 프로그램 등은 출연자들이 이전과 다르게 어떻게 바뀌는가에 대한 궁금증과 호기심을 충족시키는 내용입니다. 물론 이런 단순한 호기심이 잘못된 것은 아닙니다. 매일매일 똑같이 반복되는 일상 속에 변화에 대한 자극은 필요하기 때문이죠. 그래서 우리들은 아주 간단한 방법으로라도 변신을 꾀하고, 변신 욕망을 달성하기 위해 노력합니다.

그중 가장 간단한 방법이 무엇인가에 빠지거나 취하는 것입니다. 취미에 빠져 사는 것도 일종의 변신을 맛보는 방법입니다. 일상에서의 내가 취미생활을 통해 또 다른 나로 변신하는 재미를 찾습니다. 무엇인가에 취하거나 빠지면 '너, 좀 달라졌는데?'라는 소리를 듣습니다. 이런 것이 작은 변신 체험이며, 작은 변신 욕망의 실현이기도 합니다. 어떤 사람은 우울에 빠지기도 하죠. 이것도 의외라는 생각이 들겠지만 변신의 한 방법입니다. 실연을 하거나, 직장을 그만두거나, 성적이 제대로 나오지 않으면 우울해지고, 사람들은 이런 경우 이전과는 다른 사람처럼 행동합니다. 물론 이 방법을 사용하면 부작용이 있다는 것 정도는 알고 있어야 하겠죠.

현실을 떠나 날아오르고자 했던 한 남자의 욕망을 다룬 이상의 소설 『날개』에 나오는 '날개야 다시 돋아라. 날자, 날자, 날자, 한 번만 더 날자꾸나. 한 번만 더 날아 보자꾸나'라는 구절은 변신 욕망에 맞추어 다음과 같이 바뀌어야 할지도 모릅니다.

'변하자, 변하자, 한 번만 더 변하자꾸나. 변해 보자꾸나.'

우리는 신체적(외모), 정신적(내면), 사회적(지위) 변신을 꿈꿉니다. 좀 더 멋진 나로, 지금의 자신과는 다른 모습으로 변하고 싶은 변신 욕구를 어떻게든 해소하지 않으면 안 됩니다. 그러다 보니 변신을 위해 아무 것도 하지 않는다는 것은 멋진 모습으로 바뀌고자 하는 욕망이 없는 사람, 경쟁에서 도태되는 사람, 인간적 가치를 실현하지 못하는 사람으로 취급됩니다. 아무것도 하는 일이 없다는 무위(無爲)야 말로 가장 피해야 하는 것입니다. 그래서 백수나 백조를 만나면 겉으로는 우아한 시간 소비자를 부러워하는 척하면서도, 속으로는 '이런 쓸모없는 인간'이라며 비웃게 됩니다.

변신도
시간과
다투며
진화한다고?

만화 〈드래곤볼〉은 끊임없는 변신을 요구하는 내
용으로 채워져 있습니다. 주인공인 손오공 앞에는 전에 만난 적보
다 조금 더 강한 적들이 줄을 이어 등장합니다. 오공은 이들과 싸
워 이기기 위해서 당연히 전보다 강해져야 하고요. 그래서 변신을
합니다. 처음에는 몸에서 광채가 나고 머리칼이 뾰족하게 서더니,
급기야는 금색으로 변합니다. 파워는 지구차원에서, 우주로 우주
에서 신의 영역으로까지 전달됩니다. 이 정도면 거의 신화에 나오
는 변신 수준입니다. 뭐 죽었다가 다시 되살아나니 변신의 끝판왕
인 셈이죠.

손오공만이 아니라 모든 슈퍼히어로는 계속 강해져야 합니다.

그런 의무를 가지고 있습니다. 왜냐하면 자꾸 더 강한 상대가 등장하니까요. 그래서 끝없는 변신을 강요받습니다. 현대를 사는 우리도 슈퍼히어로와 마찬가지입니다. 그리고 이건 특별히 오늘날만의 특징이 아닙니다. 인류는 끝없는 변신을 위해서 오랜 옛날부터 무던히 애써왔습니다. 오늘 저녁 메뉴에 만족하지 못하고 내일저녁은 더 맛있는 메뉴를 꿈꾸는 것과 마찬가지로, 더 나은 자신을 원하는 욕망은 끊임없이 존재하고 있었으니까요.

변신 욕망이 말하는 '더 나은 자신'은 진화론의 핵심이기도 합니다. 다윈이 말한 진화란 결국 더 나은 생존과 번식을 위해 환경에적응하여 자신의 유전자를 변화시키는 과정이기 때문입니다. 그래서 같은 종이라도 오랜 세대를 거쳐 자신의 부리를, 날개를, 지느러미를, 머리 모양을, 장기를 변화시켰고 그 결과 오늘날 살아남은 것이죠. 그런 의미에서 보자면 〈드래곤볼〉은 단순한 오락거리가 아니라 진화론의 핵심을 말해주고 있었나 봅니다.

인간의 숙명과도 같은 이 변신도 시대가 바뀌어 시간과 공간의문제와 관련된 몇 가지 특징을 보이고 있습니다. 19세기 말까지만 해도 변신은 비교적 시간이 많이 걸리는 것이었습니다. 국가나지역, 문화권에 상관없이 용모, 패션 등은 물론 자기계발 활동은신분에 따라 제한적이었으니 말이죠. 게다가 자신의 외모를 바꾸는 것도 단시간에는 불가능했습니다. 머리나 수염을 기르는 데도,살을 빼는 데도, 근육을 만드는 데도 많은 시간이 필요했습니다.

지금도 아주 오랜 시간을 들여 변신을 도모하는 사람들이 있습니다. 미얀마와 타이에 살고 있는 소수민족인 까렌족(Karen)의 일부 지역 여성들은 어렸을 때부터 목에 링을 걸고 다닙니다. 이 여성들에게 목에 걸고 다니는 링의 수와 종류는 사회적 지위를 나타내고 긴 목은 아름다움을 상징합니다. 때문에 링의 수를 점점 늘려나갑니다. 목이 길어진 여성은 성인이 되어 링을 빼버리게 되면 이미 목의 근육과 뼈가 정상적이지 않기 때문에 심각한 부상을 입을 수도 있어 계속 링을 하고 있어야 한다고 합니다.

까렌족의 여인(photo by Peter van der Sluijs)

1894년에 서태후(西太后)의 금지령에도 불구하고 20세기 중반까지 남아 있었던, 중국의 악습으로 회자되는 전족은 어떤가요? 3살 정도가 되었을 때 가로 10cm, 세로 2~2.5m의 헝겊을 발에 동여매어 발뒤꿈치에서 발끝까지 약 10cm 정도의 조그만 발을 만드는 전족은 하루 이틀에 완성되지 않았습니다. 하지만 지금은 어떤가요? 슈퍼히어로의 변신에 영향을 받아서인지 몰라도 우리들은 천천히 조금씩 변하는 것을 변신이라고 부르지 않게 되었습니다. 현대의 변신은 아주 순간적으로 이루어져야 합니다. 그래야 변신으로 인정받습니다. 예전 같으면 부단한 노력으로 변신을 도모했지만 이제는 보톡스나 스테로이드계 근육강화제를 한 방 맞는 것으로, 성형외과 수술대에 한 번 오르는 것만으로도 간단히 해결됩니다. 『아름다움의 과학』을 쓴 울리히 렌츠는 150년 전에도 인류는 외모를 가장 중요시했으며, 고래 뼈나 강철 레일로 된 도구를 이용해 숨쉬기도 힘들 정도로 몸을 팽팽히 죄었고, 격자 상자에 묶어놓고 장기의 위치를 변경시키기도 했다고 합니다. 그러나 이제는 그러한 것들이 수술이라는 해결책으로 대체되었습니다.

이런 의미에서 본다면 현대의 변신에는 마술이나 트릭과 같은 요소가 있나 봅니다. 그래서 정말 마술을 보며 놀라고 감탄하는 것과 같은 감정을, 우리는 주변 사람들의 변신을 보고 느낍니다. 이런 것은 생각도 못한 것에 놀라서 마음을 뺏기는 것이기도 하고, 어쩌면 옛날 사람들이 기적을 대할 때 느꼈던 감정과 유사한 것일 수 있습니다. 우리가 변신에 마술적 감각을 느끼면 느낄수록, 아주 빠르고 즉각적으로 변신이 이루어지길 원하게 됩니다. 그리고 가뜩이나 '더 빨리, 더 짧은 시간에, 더 많이'를 외치는 시간경쟁사회에서 점차 긍정적 변신을 원하는 우리는 시간을 초월하려고 애쓰게 되죠.

이러다 보니 변신은 일종의 여행과 같은 개념이 되었습니다. 가볍게 어디론가 떠나 다시 자신에게 돌아오는 여정 말입니다. 우리는 어제의 나와 다른 나를 만나기 위해 가볍게 변신의 길을 떠납니다. 그런데 예전에는 몇 날 며칠을 걸려 고생스럽게 갔던 여행 길이 이제는 자동차, 배, 비행기로 쌩하고 가서 쌩하고 돌아올 수 있게 되었습니다. 인터넷을 통해 사이버 여행을 한다면 여행 준비도 필요 없고 시간도 절약할 수 있고요. 변신을 위한 여행의 과정이 아주 간단하고 짧아지고 있는 것이죠. 그래서 일 년에 한두 번 보톡스를 맞듯이, 일 년에 몇 번 여행을 떠나 변신을 꾀합니다. 그리고 이런 변신의 즉각적인 감각을 즐기며, 과정의 시간과 공간이 압축되는 것에 신비로움을 느낍니다. 그 덕에 이제는 변신의 신비감이 일상화되고 있는 시대가 되었습니다.

괴테는 "사람들은 더 이상 여행하지 않고 도착한다"고 말했습니다. 이전에는 이동하는 모든 과정이 곧 여행을 의미했다고 한다면 지금은 그 과정의 의미가 퇴색되었다는 거죠. 오늘날의 진정한 여행은 목적지에 도착하는 것이고, 목적지까지의 과정을 사람들은 따분하고 쓸데없는 준비시간으로 여긴다는 것을 괴테는 오래전에 간파하고 있었나 봅니다.

이 여행하는 과정의 생략과 마찬가지로, 우리는 현실에서 변신을 도모하면서도 변신하는 과정이 아예 생략되기를 원합니다. 그게 안 된다면 가능한 빠르게 과정을 스킵하고 싶어 안달이 납니다. 자신의 변신을 기적으로 만들고 싶고, 신비롭게 보이고 싶기 때문이죠. 그래서일까요? '여자의 변신은 무죄'라고 외쳤던 오래전 화장품 광고의 카피를 이제는 '여자의 변신은 기적'이라고 해야할 것 같다는 생각이 드네요.

PART 02

발칙한
시선

> 본다는 것은 어떤 의미일까요?
> 그리고 어떤 것을 바라보는 시선이란
> 그저 단순히 시신경에 들어오는 자극을
> 뇌가 수용하여 그것이 무엇인지를
> 판단하는 것에 한정되는 것일까요?

사전을 찾아보면 시선이란 '바라보는 대상과 눈을 잇는 선'이라거나 '눈의 방향과 움직임'이라고 담담하게 정의되어 있지만, 우리는 알고 있습니다. 시선이란 아주 많은 것을 담고 있는 놈이라는 것을 말이죠. 우리는 곧잘 '그는 따가운 시선을 느꼈다', '그녀는 차가운 시선으로 그를 바라보았다', '그 사람의 시선을 느끼자 그는 비참한 마음이 들었다'라고 하는 표현들을 접합니다. 한자어인 시선(視線)을 순수한 한글로 바꾸어 눈길이라고 해도 마찬가지이고요. 차가운 눈길, 따스한 눈길, 비열한 눈길, 부끄러운 눈길, 순종적 눈길, 공격적 눈길 등등.

> 시선은 단순히 눈과 대상의
> 연결이 아닙니다.
> 시선이 이어주는 것은 바라보는 주체와
> 보이는 대상입니다.

방금 전까지는 전혀 관계없던 주체와 대상은 시선 덕분에 연결고리를 갖게 됩니다. 하지만 그 연결고리에는 따스하고, 차갑고, 부끄럽다는 감정이나 의식이 덧붙습니다. 내가 시선의 주체가 될 수도 있지만, 때론 시선의 대상이 될 수도 있습니다. 주체일 때와 대상일 때 시선에 대해 느끼는 감정도 다릅니다. 관음증을 지닌 시선의 주체는 쾌락을 느낄 수 있지만, 시선의 대상은 불쾌감이나 수치심을 느끼게 되겠죠. 그래서 시선의 방향은 서로 다른 의미일 수밖에 없습니다.

> **시선은 위치와도 관계가 있습니다.
> 높은 위치의 시선은 관계에서의
> 우위를 의미합니다.**

그래서 사회적 지위가 높거나 권력을 지닌 자, 부를 쌓은 자는 다른 사람보다 높은 곳에 자신의 자리를 만듭니다. 회장님 방은 최상층이고, 부자들은 '~~힐'이라 이름 붙은 곳에 사는 걸 좋아합니다. 신을 경배하는 세상의 모든 성전이 단을 높이고 그 위에 자리한 것도 같은 이치입니다. 그래서 건축물에서 높이를 결정하는 계단은 처음에는 종교적 의미를 지닌 구조물이었습니다. 높은 곳에 있는 신에게 조금 더 다가간다는 의미로 말이죠. 따라서 바라본다는 것은 단순한 신경 공학적 행위가 아닙니다. '시선의 주체가 누구인가, 그는 어떤 사회적 위치에 있는가, 그는 어떤 감정으로 대상을 바라보는가, 그 대상은 주체에게 어떤 가치가 있는가, 주체와 대상의 시선은 서로 교차할 수 있는가' 등에 따라 지금 눈앞에 보이지 않는 하나의 시선은 수천 수백의 의미를 지니게 됩니다.

> **발칙한 시선은 그 수천 수백의
> 의미를 지닌 시선을 하나라도
> 더 내 것으로 만드는 시선입니다.**

  발칙한 시선은 하나의 대상에 품고 있던 하나의 익숙한 시선을, 다른 감정과 의미를 지닌 시선으로 넓히고 나만의 생각을 갖게 해주도록 하는 좋은 마중물이 될 것입니다. 백 개의 눈을 가진 그리스 신화 속 아르고스가 공작 꼬리깃털에 자신의 눈을 남겨 인간들을 놀라게 한 것처럼 말이죠.

하늘에 사는 거인을 바라보는 시선

"한 바보가, 하늘 위에서 유유자적하며 풍요로운 삶을 사는 남자의 집에 숨어 들어가는 방법을 알게 되었습니다. 그 바보는 매일 밤 남자가 잠든 사이에 그가 모아놓은 보물들을 훔쳐서는 잘 먹고 잘 살았습니다. 그런데 어느 날 범행 현장을 들키고 남자에게 쫓기다가 결국 그 남자를 죽이고 맙니다. 그 이후로도 바보는 편하게 잘 살았습니다."

이런 줄거리를 지닌 동화가 있습니다. 도저히 아이들에게 읽힐 만한 이야기가 아닐 성 싶은 이야기지만 우리 모두가 알고 있는 동화이기도 합니다. 과연 이 동화의 이름은 무엇일까요?

정답은 '잭과 콩나무'입니다. 마법의 콩나무를 타고 하늘로 올라가는 잭이 주인공으로 나오는 잉글랜드 구전 민화인 동화죠. 마법의 콩나무가 아니면 왕래가 불가능한 인간세계와 동떨어진 하늘나라에 살고 있는 거인은 도대체 왜 도둑놈을 잡다가 죽어갔는데도 아무도 불쌍하게 생각하지도 않고, 사람들은 오히려 거인을 죽인 잭을 훌륭한 소년으로 여기는 것일까요? 혹시 우리는 스스로도 모르는 어떤 시선을 가지고 이 동화를 보고 있었던 것은 아닐까요?

거인의 전형적인 이미지와는 달리 그저 몸집 큰 심술궂은 노인네 같다는 느낌이네요.

1918년 출간된 『영국 동화집(English Fairy Tales)』에 실린 <잭과 콩나무(Jack and the Beanstalk)> 삽화(illustration by Arthur Rackham)

언더도그마(Underdogma)란 말이 있습니다. 힘이 약한 사람은 약하다는 이유만으로 착하고 순수하고 보답을 받을 만하고, 힘이 강한 사람은 강하다는 이유만으로 비난받아 마땅하다고 믿는 믿음을 말합니다. 간단히 말해 강자와 부자는 악하고, 약자와 빈자는 선하다는 믿음이죠. 언더도그마는 주변을 둘러보는 우리들이 지닌 무의식적인 시선 중 하나이기도 합니다. 우린 누군가가 잘 되고 성공하고 부를 쌓고 권력을 잡았다는 소식을 들으면 '운이 좋았거나 무언가 정당하지 못한 방법을 사용했고, 실력이나 노력은 아닐 거야'라고 생각하는 경향이 있습니다. 강자를 끌어내리고 싶은 욕망이 있어서죠. 그리고 자신은 약자의 위치에서 강자를 비난하는 것이 잘못된 것이 아니고 당연하다고 생각합니다.

이런 시선 때문에 추측성 악성 댓글이, 추잡한 소문이, 황당한 음모론이, 급기야 서로를 비난하고 잡아 뜯는 소모적 싸움이 벌어집니다. 자신은 무엇을 해도 정당하다는 논리로 큰 소리를 치며 성공했거나 힘 있거나 지위가 높은 사람의 입장은 무시합니다. 우리는 힘과 지위와 부를 추구하지만, 막상 이런 것을 지닌 사람을 존경의 시선이 아닌 시기와 질투의 시선으로 바라봅니다.

콩나무를 타고 오르는 잭은 전형적인 약자입니다. 마지막 남은 소를 팔지 않으면 굶어야 되는 판인데다가, 교육도 받지 못했고, 그렇다고 힘이 세지도 않습니다. 이에 반해 하늘나라의 거인은 표현 그대로 강자라 할 수 있습니다. 큰 집에, 좋은 음식에, 금은보화에, 황금알을 낳는 닭, 스스로 연주하는 하프 등 없는 것이 없네요. 게다가 권력과 부귀의 최상층을 나타내는 상징인 '하늘 꼭대기'에 살고 있으니까요. 그래서 이 이야기는 전형적인 강자와 약자의 대결을 다룬 이야기가 됩니다. 그리고 이 동화를 읽는 우리는 약자의 시선, 그러니까 잭의 시선으로 동화를 읽고 해석하게 됩니다. 약자인 잭이 지닌 언더도그마의 시선은 그대로 우리의 시선이 됩니다. 그래서 거인의 집에서 물건을 훔쳐도 잭은 착하니까 용서됩니다. 그가 착한 이유는 그가 약자이기 때문이고 그가 다른 사람보다 판단력이 떨어지는 바보이기 때문입니다. 그리고 거인이 죽는 것은 당연하게 여깁니다. 그가 강자이기 때문에, 그가 지닌 부와 힘은 모두 부정한 것이라 여기기 때문입니다.

우리가 잘 아는 다윗과 골리앗의 이야기에도 언더도그마의 시선이 숨겨져 있습니다. 거인이라고 할 정도로 큰 전사인 골리앗에게 몸집이 작은 다윗은 상대가 될 것 같지 않습니다. 게다가 다윗은 갑옷이나 방어구 없이 맞서 싸웁니다. 약자와 강자가 분명한 상황이죠. 이렇게 되면 역사적 사실이나 종교적 믿음과 상관없이 스토리의 결말은 뻔합니다. 약자는 선하므로 승리하고, 강자는 악하므로 패배합니다. 골리앗도 자신의 국가를 위해 싸운 전사이나 이 이야기를 접하는 사람들은 모두 골리앗은 죽어 마땅한 존재처럼 느끼게 됩니다. 역시 누군가의 말처럼 '역사는 이겨 살아남은 자의 이야기'일 수도 있겠지만 말입니다.

강자나 성공한 자를 끌어내리려는 마음의 시기와 질투의 시선은, 자연히 약자를 격려하고 도덕적 우위에 놓으면서 그들의 성공을 찬양하는 스토리에 눈을 돌리게 합니다. 신데렐라, 백설공주, 장화신은 고양이 등과 같은 거의 모든 동화와 옛날이야기는 약자가 어려움을 극복하고 성공하는 스토리이고, 〈록키〉를 비롯한 영화나 소설, 심지어 오디션 프로그램에서조차 험난한 인생역정 라이프 스토리를 지닌 사람이 많은 표를 얻습니다. 하지만 잭과 콩나무를 읽는 언더도그마의 시선은 단순한 시기와 질투의 시선만은 아닌 듯하네요. 어쩌면 우리는 잘 되는 사람이 망하는 것, 다시 말해 남의 불행을 통해 느끼는 행복이나 쾌감 또한 맛보고 싶어 하는 건 아닐까요?

독일어 샤덴프로이데(Schadenfreude)는 타인의 행복에 대한 고통을 뜻하는 시기심과는 달리, 타인의 불행을 쾌감으로 느끼는 우리의 욕망을 말합니다. 말하자면 '사촌이 땅을 사면 배가 아픈 것'은 시기인 반면에, '그 사촌이 망하면 괜히 뒤돌아서서 웃게 되는 것'이 샤덴프로이데라는 거죠.

곤경에 처해 있는 모습은 수도승에게도 즐거운 웃음거리가 되네요.

에드아르도 자마코이스Eduardo Zamacois y Zabala의 작품 <당나귀 길들이기(Taming the Donkey, 1868)>

'남의 불행은 나의 행복'이라고 농담처럼 던지지만 이것은 사실 무서운 진심인 셈입니다. 이 샤덴프로이데를 말해주는 러시아의 재미있는 옛날이야기가 있습니다.

우연히 마술램프를 발견한 농부가 램프를 문지르자 요정이
나타나 소원을 말하라고 했다.
"이웃집에 젖소 한 마리가 생겼는데 가족이 다 먹고도 남을
만큼 우유를 얻었고 부자가 됐어"라고 농부가 말했다.
그러자 요정이 말했다.
"그럼 젖소를 한 마리 구해드릴까요? 아니면 두 마리라도?"
농부가 대답했다.
"아니, 이웃집 소를 죽여주면 좋겠어."

남이 망하는 것이 자신이 더 잘되는 것이라고 착각하는 이 샤덴
프로이데는 어쩔 수 없는 인간의 욕구이기도 하겠지만 다분히 파
괴적인 성격을 지닌 것이라 철학자 쇼펜하우어Arthur Schopenhauer는
"시기는 인간적인 것이지만, 샤덴프로이데는 악마적이다"라고 했
다고 합니다. 1990년대 후반 인터넷 대표 브라우저인 넷스케이프
의 CEO였던 짐 박스데일Jim Barksdale은 실리콘밸리 문화에 대해 이
렇게 말했다고도 하네요.

"세상에는 오로지 두 종류의 이야기만 있죠. 영광 가득한 이야
기와 수치 가득한 이야기. 처음에 우리는 영광 가득한 이야기를
가졌죠. 이 도시에 있는 사람 모두가 성공을 숭배하지요. 하지만

그들이 살아가는 진정한 목적은 다른 이들이 실패하는 것을 보기 위해서이지요."

우리가 즐겨 보는 TV 드라마, 영화, 애니메이션, 소설, 동화 등 등의 콘텐츠에 부자, 권력자, 강자가 등장합니다. 그리고 그들을 바라보는 우리의 마음속에는 '언더도그마'와 '시기', '샤덴프로이데' 가 한데 뒤엉켜져 '망해라, 망해라'라며 주문을 외치고 있는 또 다른 자신이 슬그머니 고개를 쳐듭니다. 하지만 이런 쾌씸한 마음을 가지고 있는 자신을 너무 자책하진 마세요. 이런 자연스런 마음의 움직임을 통제하기 위해, 인간은 사회적 도덕률이란 걸 마련해 두었고 우린 또 이걸 나름 잘 지키면서 살아가고 있는 정직한 시민 이니까요.

언더도그마와 샤덴프로이데의 시선을 거두기 전에 하나 고백 할 것이 있습니다. 잭과 콩나무에 나오는 하늘에 살던 거인 말인 데요, 원래 구전동화에서는 잭의 아버지가 갖고 있던 황금알을 낳 는 닭을 거인이 훔쳐갔기 때문에 잭이 거인 집에서 이것저것 훔쳐 오는 것은 정당한 것이라고 되어 있습니다. 그러니까 거인이 인간 에게 아무 피해를 끼치지 않은 것은 아니네요. 잭 아버지의 것을 훔친 것처럼 집안의 다른 물건들도 훔쳐온 것일 테니 잭은 그걸 다시 훔치고, 심지어 거인을 죽여도 죄가 되지 않을 거라고 생각 했을지도 모릅니다.

하지만 중요한 건, 이 동화를 아는 대부분의 사람은 이런 뒷이야기를 모른 상태에서 그저 잭이 물건을 훔쳤고 거인을 죽였어도 그 사실을 이상하게 느끼지 않습니다. 이유는 그가 '거인이기 때문'입니다. 그래서 엔딩에 박수를 보내죠.

슈퍼히어로의
트라우마를
바라보는
시선

세상 누구나 약점은 있습니다. 세상 누구나 아픔도 있죠. 그리고 세상 누구나 어려움을 겪습니다. 그래서인지 세상 부러운 것 없는 사람들이 자신의 아픔을 토로하는 것을 듣고 있자면 '그래. 세상 참 공평하다니까'란 말을 곧잘 하곤 합니다. 이렇게 우리는 언더도그마나 샤텐프로이텐의 시선까지는 아니더라도, '저런 사람에게도 뭔가 모자란 점은 있겠지, 아픈 곳은 있겠지. 나와 비슷한 구석이 있겠지'라고 생각하려 합니다. 그 대상이 완전 무결한 슈퍼히어로라도 말입니다.

배트맨의 부모님은 그가 어렸을 때 악당의 손에 살해를 당합니다. 그것도 자신이 보는 앞에서 말이죠. 그 때문에 그는 불행히도 부모의 손길이 아닌 집사인 알프레드의 시중을 받으면서 자라죠. 충격적인 살해 현장을 목격했다면 정신적 외상, 즉 트라우마가 그에게 있을 것이라 예상됩니다. 하지만 그가 세상에 선을 보인 1930년대엔 아직 이 개념이 일반화되지 못했던 탓에 그는 그저 씩씩한 남자아이로 성장했습니다. 트라우마를 간직한 채로 말이죠. 그런 점에선 스파이더맨도 비슷하네요. 비행기 사고로 부모가 함께 사망하니 배트맨처럼 어린 시절에 가장 소중한 사람을 잃는 트라우마의 전제 조건이 갖추어집니다. 게다가 그런 그를 거두어 키워준 삼촌도 결국 강도의 총에 맞고 숨을 거둡니다. 이렇듯 가장 사랑하는 사람들을 불의의 사고와 사건으로 잃게 되는 트라우마는 계속됩니다.

슈퍼맨은 어떤가요? 크립톤 성의 집행관이었던 아버지는 슈퍼맨을 살리고자 그를 머나먼 별인 지구로 보냅니다. 아마도 남아 있던 부모는 적에 의해 죽임을 당했을 겁니다. 슈퍼맨 역시 친부모의 부재를 경험하게 됩니다. 물론 아주 어렸을 때의 일이어서 자신의 양부모를 친부모로 여기고 자라는 점은 약간 다르지만요. 엑스맨에 등장하는 돌연변이들은 자신의 존재, 정체성 그 자체가 트라우마가 됩니다. 그들은 다른 힘을 가지고 있다는 이유로 부모와 친구를 비롯해 정상적인 사람들로부터 외면 받죠.

완벽할 것 같은 이들 캐릭터에게는 트라우마만 있는 게 아닙니다. 그들에게는 치명적인 약점이 존재하기도 하죠. 그 약점 때문에 완벽함이 무너지고 그들도 위험에 빠집니다. 완벽 속에 숨겨진 약점으로 가장 유명한 이는 그리스 신화 속 영웅인 아킬레스입니다. 어머니인 바다의 여신 테티스는 아킬레스가 태어나자 그를 저승의 강인 스틱스에 담가 상처를 입지 않는 무적의 몸으로 만듭니다. 하지만 그녀가 잡고 있었던 발목 부분은 강물에 닿지 않았기 때문에, 발목 뒤 힘줄은 아킬레스가 상처를 입을 수 있는 유일한 부분이 되었죠. 결국 그는 트로이 전쟁에서 화살을 뒤꿈치에 맞아 죽고 말았고, 우리는 치명적인 약점을 말할 때 '아킬레스건'이라는 표현을 쓰고 있습니다.

아이들의 친구인 호빵맨의 약점은 얼굴입니다. 빵빵하고 귀여운 얼굴이 젖거나 얼굴의 일부가 떼어져 나가면 힘을 쓰지 못하게 됩니다. 그래서 언제나 잼할아버지가 호빵맨의 새로운 얼굴을 구워 못쓰게 된 얼굴과 바꾸지 않으면 안 됩니다.

아이언맨의 약점은 가슴에 박혀 있는 동력원입니다. 사고로 금속파편이 심장 근처에 박힌 아이언맨은 전자석을 구동하여 이 조각들이 심장 가까이 가는 것을 막으면서 아이언맨 슈트의 동력원으로도 사용합니다. 그래서 아크 리액터(Arc Reactor)라 불리는 이 장치가 없거나 힘이 약해지면 아이언맨은 위기에 빠지게 됩니다.

슈퍼맨의 약점은 아이러니하게도 고향별인 크립톤 행성의 파편 조각인 크립토나이드(Kryptonite)입니다. 크립톤 행성인이 크립토나이트 근처에 있으면 힘을 쓸 수 없게 되고 극심한 고통을 느낀다는 설정입니다. 고향별의 흔적이 치명적인 약점이 될 수 있는 셈이죠.

일본의 대표적인 슈퍼히어로인 울트라맨의 약점은 시간입니다. 외계에서 온 그는 몸을 엄청난 크기로 만들어 괴수나 외계인과 싸우면서 지구를 지키는데, 그런 그가 활약할 수 있는 시간은 단 3분입니다. 그의 에너지는 가슴에 있는 전등의 반짝임과 함께 소진되어 버리기 때문이죠.

드라마 〈별에서 온 그대〉의 도민준. 판타지 스토리의 외계인답게 막강한 초능력을 지녀 신과 같은 존재감을 자랑했음에도 불구하고 그의 약점은 전혀 예상 밖이었죠. 바로 다른 사람의 타액, 즉 침입니다. 그의 몸에 타인의 침이 들어오면 그는 높은 열을 내고 쓰러지고 마는, 죽음으로 가는 치명적인 약점을 갖고 있습니다. "뭐야? 그깟 키스 하나 제대로 못하면서 무슨 능력자야?"란 헛웃음과 함께, 아슬아슬한 키스 장면으로 시청자의 심장을 쪼그라들게 만들기도 했습니다.

굳이 이런 영웅들만이 아니라 우리가 접하는 콘텐츠에 나오는 조금 잘 나가는, 또는 멋진, 성공한 사람들은 트라우마나 약점, 아픔 등을 가지고 있습니다. 그럼 왜 작가들은 완벽해 보이는 캐릭터를 완벽하게 그리지 않는 것일까요?

여기 신에 가까운 완벽한 사람이 있다고 합시다. 과연 그 사람에게서 우린 어떤 매력을 느낄 수 있을까요? 혹은 동질감을 느낄 수 있을까요? 그 캐릭터를 통해 '저렇게 되고 싶다, 저렇게 될 수 있을 거야'라는 워너비(wannabe)의 꿈을 꿀 수 있을까요?

시청자나 독자는 캐릭터와의 일체감을 통해 콘텐츠가 '매력이 있나 없나'를 판단하게 됩니다. 스파이더맨을 자신이라고 여기며 악당을 물리치는 그를 응원하는 식입니다. 그러니 캐릭터와 이 캐릭터를 접하는 사람 사이에는 일체감을 느낄 수 있게 유도하는 장치가 필요합니다. 그중 하나가 '저 캐릭터도 별 수 없이 나와 비슷한 약한 인간이네'라는 생각을 콘텐츠 속에서 찾아내기입니다. 캐릭터가 완벽하면 완벽할수록 정말 인간적인, 그러니까 때론 바보짓도 하고 아픔도 겪고 불안도 느끼면서 트라우마 한두 개쯤은 가지고 있는 '나'와 같은 존재여야 합니다. 그래야 마음 편히 그 캐릭터를 내 곁에 불러와 앉힐 수 있습니다.

이런 마음의 움직임은 자신보다 강한 자를 끌어내리려는 '언더도그마'나 '샤덴프로이데'가 아닙니다. 시기나 질투도 아니고요. 그저 자신 안에 있던 전능감(全能感), 오래전에 어머니 배 속에서 느꼈던 그리고 어린 시절 상상 속에 있던 그 무한한 능력을 다시 한번 맛보고자 하는 마음에서 비롯된 것일 뿐입니다. 전능감은 '자기 자신 또는 대상의 현실적 제약을 부인함으로써 품게 되는 자신이 전지전능하다는 감정'입니다. 양수에 둘러싸여 태아는 원하는 시간에 먹고 싸고 편안히 지냅니다. 원하는 것을 쉽게 손에 넣을 수 있죠. 태어나서 얼마 동안은 살짝 얼굴만 찡그려도 작은 울음소리만 내도 득달같이 엄마나 아빠가 달려와 원하는 것을 충족시켜 줍니다. '오호, 이것 봐라? 내가 원하면 다 이루어지잖아. 난 굉장한 능력을 지녔어!'라는 기분. 이 기분이 바로 전능감입니다.

불행히도 인간의 이 전능감에 젖는 행복한 시절은 그리 길지 않습니다. 엄마 아빠의 말을 알아듣고 반응하기 시작하면 '이러면 안 된다. 저래야 된다'며 구속을 받게 되죠. 이렇게 철이 들어 세상을 알게 되고 나서부터 현실을 살아가는 인간은 누구나 전능감을 조금씩 현실에 맞추어 다듬어 나가게 됩니다. 그런 과정에서 '하늘을 날고 싶다, 바다 속에 들어가고 싶다'는 전능감은 비행기와 잠수함을 만듦으로써 꿈을 현실로 만드는 데 기여하기도 합니다.

슈퍼히어로의 트라우마나 영웅들의 약점을 바라보는 시선은 전능감을 조금씩 현실에 맞추어 낮추면서 느끼는 안도감입니다. '봐, 저들도 다 인간적 고뇌를 지니고 있잖아. 못하는 것도 있잖아. 세상에 누구 하나 완벽한 사람은 없다니까'라며 현실의 자신을 위안하도록 해줍니다. 그래서 콘텐츠 속에서 완벽함이 요구되는 모든 캐릭터는 조금은 모자라고, 조금은 덜 떨어지고, 불안해하고, 우유부단하기도 한 부분을 지녀야 합니다. 그들이 전달해야 할 것은 인간의 이야기이며, 우리들의 이야기이며, 사람들을 다독일 수 있는 이야기여야 하기 때문이죠. 또한, 그런 이야기를 원하는 사람들의 시선이 있기 때문입니다.

슈퍼히어로의
이중생활을
바라보는
시선

보통 사람들처럼 트라우마도 있고 약점도 있어서 친숙하게 느껴지는 슈퍼히어로들. 그런데 그게 다가 아닌가 보네요. 낮에는 평범한 일상생활을, 밤에는 망토를 펴고 날아다니며 슈퍼파워를 과시하는 이중생활에 지쳐가는 나날을 보내고 있으니 말이죠. 몸이 빅 사이즈로 변하는 초록색 괴물 헐크는 지킬과 하이드처럼 자신 안에 두 가지 인격을 가진 존재입니다. 쉽게 말해 이중인격체라고 이해하면 쉬운 듯하지만, 그것으로 끝이 아닙니다. 우리가 콘텐츠 속에서 흔히 만나게 되는 대부분의 이들은 이중인격이라고 해도 외모는 바뀌지 않습니다. 외모는 유지한 채 속에 있는 인격이 변하는 거죠. 하지만 헐크는 그야말로 완벽한 변신을 통해 자신이 이중인격이 아니라 이중생체(二重生體)란 점을 과시합니다.

게다가 그는 이중생체를 왔다 갔다 하면서 다른 슈퍼히어로와 다르게 너무나 고통스러워합니다. 배트맨이나 슈퍼맨, 스파이더맨은 가끔 슈퍼히어로인 자신에 대해 회의감을 느끼기도 하지만, 슈퍼히어로 변신 전과 후의 두 정체성을 오가는 데에 별로 어려움을 느끼지 못합니다. 아이언맨은 오히려 슈트를 입을 때 즐거워하고 뿌듯해합니다. 그들은 자신이 원하면 그 둘 중 한 가지를 선택적으로 활용하면 됩니다.

하지만 헐크는 일반인에서 슈퍼히어로로 변신하는 과정에서 고통에 몸부림칩니다. 이는 생체 변화가 일어나기 때문에 피할 수 없는 숙명이기도 합니다. 게다가 자신이 원하지 않는 때에도 몸이 마음대로 바뀌어버리니 그의 이중생활은 고역일 뿐입니다. 대다수의 슈퍼히어로는 헐크에 비할 바는 안 되지만 현실을 살아가는 인간과 슈퍼히어로라는 두 가지 '자신'을 가지고 살아가는 데 힘든 점이 있습니다. 일반인과 어울려 살아가는 일상적 생활과 슈퍼히어로로 변신 후의 슈퍼 라이프를 살아가다 보니 스스로도 진짜 자신이 어느 쪽인지 헷갈릴 만도 합니다. 도대체 내가 살아가고 있는 지금 이 순간이 일상에 속하는 건지, 슈퍼 라이프에 속하는 건지도요.

슈퍼 라이프를 보내기 위해서 그들은 우선 평상시의 자신을 숨깁니다. 그래서 옷차림을 활용한 변신을 하죠. 얼굴을 가리기 위해 마스크도 합니다. 하지만 다 그런 건 아닌가 보네요. 몇몇 슈퍼히어로는 민낯에 복장만 갈아입고 등장해서 '난 슈퍼히어로라오!'라고 대놓고 내보이기도 합니다. 단체 작업복에 당당히 얼굴을 들어내는 〈판타스틱4〉가 대표적입니다. 자신이 슈퍼히어로라는 사실을 감추지 않는 것은 물론, 드러내 놓고 싶어 안달인 것은 아이언맨도 뒤지지 않습니다. 그 덕택에 적들은 그의 저택을 쑥대밭으로 만들곤 하죠.

슈퍼히어로가 이중생활에 시달려야 하는 이유는 지구를 구하고 사람을 도와주는 슈퍼히어로의 행위를 티 안 나게 해야 한다는, 슈퍼히어로계의 철칙이나 명분을 어겨서는 안 되기 때문입니다. 만일 슈퍼히어로가 선행을 하는 데 자신을 드러내놓고 한다면 그건 조금 이상하거든요. 슈퍼히어로는 이름 그대로 엄청 뛰어나고 훌륭해야 합니다. 이름을 알리고 돈을 밝히고 명예를 취하려 한다면 진정한 영웅이 아니겠지요. 또 천성적으로 선행을 하지 않으면 몸이 뒤틀리는 병에 걸린 유전적 소양의 사람이라서 어쩔 수 없이 하는 선행도 진정한 영웅의 해당사항이 아닙니다. 슈퍼히어로의 선행은 자신의 의지로 선택하고 그 결과에 대해 책임지는, 근대적 시민의식의 연결선 상에 있어야 합니다. 그래서 그들은 숨어서 선행을 해야 하는 도덕률을 지키기 위한 이중생활을 강요받는 거죠.

하지만 그들이 이중생활을 해야 하는 더 근본적 이유는 따로 있지 않을까요? 바로 슈퍼히어로는 어디까지나 신비주의 인물이어야 하기 때문입니다. 슈퍼하게 비밀스러운 사람. 슈퍼히어로는 엄청난 힘을 가진 사람을 뜻하기도 하지만, 놀랍도록 신비해야 합니다. 그는 적에게 자신의 위치나 능력이 알려지면 안 되고, 주변 인물들이 위험에 처하게 놔두어서는 안 되는 숙명을 지닌 캐릭터입니다. 일본산 슈퍼히어로 TV 시리즈 애니메이션인 〈타이거 앤 버니〉에서 주인공 캐릭터인 타이거는 아예 까놓고 이렇게 말합니다.

"히어로란 정체가 드러나지 않기 때문에 히어로인 거야!"

물론 이중생활에는 스토리의 재미 추구라는 관객 서비스도 개입이 됩니다. 배트맨이 브루스 웨인이라는 사실은 극중 인물 중에서 집사만 알고 있을 뿐이고, 다른 등장인물은 아무도 모르는 것으로 되어 있죠. 시청자나 관객은 이런 비밀을 공유하는 기분을 느끼면서 스토리를 따라가고, 슈퍼히어로의 '비밀을 알고 있는 대단한 사람'이 되어볼 수 있습니다. 슈퍼 시크릿을 알고 있으니 자신도 슈퍼히어로와 동료가 된 듯한 느낌을 맛볼 수 있죠.

그런데 이렇게 이중생활을 하다 보면 슈퍼히어로 그들도 지치진 않을까요? 이쪽 생활, 저쪽 생활을 왔다 갔다 하다 보면 어느게 진짜 자기인지 헷갈리지 않을까요? 뭐 양쪽 모두가 진정한 자신이라 잘 구별해서 살아가면 별 문제없겠지만 말이죠.

중절모에 천 가면을 한 로어셰크는 항상 가장자리에 있는 변방의 히어로~

영화 워치맨 포스터와 캐릭터들

이 문제를 아예 정면으로 치고 들어간 영화가 있습니다. 슈퍼히어로를 다룬 영화치고는 대중적이지 않지만, 마니아나 평론가들 사이에서는 자주 거론되는 〈왓치맨〉이란 영화입니다. 이 영화에는 슈퍼히어로가 여럿이 등장합니다. 슈퍼히어로가 떼로 나온다는 점에서는 흥행작인 어벤저스와 비슷하지만 닥터 맨해튼Dr.Manhattan을 제외하고는 어벤저스의 슈퍼히어로에 비해 능력은 상당히 떨어지네요. 정말 제목 그대로 '범죄 감시단(watchmen)' 수준의 느낌을 주는 히어로가 주인공입니다. 영화는 미국과 소련의 냉전시대가 배경입니다. 국가의 승인 없는 히어로들의 활동을 금지하는 법이 제정된 후 대부분의 히어로들이 은퇴를 선언하고 활동을 접지만, 히어로 중 한 사람인 로어셰크Rorschach만은 자신의 신분을 감춘 채 범죄 감시자로서 몰래 활동을 계속합니다. 그러다가 사건에 휘말려 경찰에 붙잡히고, 천으로 된 가면도 빼앗기게 됩니다. 경찰이 거칠게 그의 얼굴에서 가면을 벗겨내는 순간, 그는 애원하며 소리치죠. "가면만은 벗기지 말아줘!"라고.

그는 과거 슈퍼히어로였던 동료들의 도움으로 감옥에서 나오면서 가장 먼저 서둘러 가면을 찾으면서 이렇게 말합니다.

"내 얼굴은 어디 있나?"

슈퍼히어로의 존재 필요성을 느끼지 못하며, 오히려 이들을 배제해야 할 대상으로 여기는 사회에서 로어셰크는 진정한 자신의 정체성은 가면 뒤에 숨겨진 슈퍼히어로라고 인식하고 있는 것입니다. 그에게는 일상생활과 슈퍼 라이프라는 두 개의 세계를 살아가는 두 개의 정체성이 아니라, 슈퍼 라이프를 살아가는 슈퍼히어로의 정체성만 존재합니다. 그래서 다른 슈퍼히어로들은 은퇴를 선언하고 일상으로 돌아가지만 그는 그렇게 할 수가 없는 거죠. 그에게 가면을 벗은 얼굴은 낯선 타인의 얼굴이며, 가면을 쓴 슈퍼히어로의 얼굴이 진정한 자신의 얼굴인 셈입니다. 그래서 묻습니다. '내 가면은 어디 있나?'가 아니라 '내 얼굴은 어디 있나?'라고요.

〈왓치맨〉에는 진정한 자신을 일상 속 민낯에서가 아니라 슈퍼히어로의 가면 속 모습으로 인식하는 에피소드가 하나 더 나옵니다. 서로 좋아하는 마음을 가지고 있었으면서도 그저 동료로만 지내던 나이트 아울 2세Nite Owl II와 실크 스펙터Silk Spectre는 일상적 현실에서 보통 사람들처럼 키스를 하게 됩니다. 그리고 슬슬 분위기가 무르익어 관계를 가지려고 하지만 어찌된 영문인지 몸이 따라주지 않아 결국 서먹해지고 맙니다. 그런데 두 사람은 오랜만에 정부의 규제를 어기고 슈퍼히어로로 변신해서 순찰 활동을 나갔다 돌아오는 비행선 안에서야 비로소 관계를 가질 수 있게 됩니다. 두 사람은 일상적인 자신이 아니라 슈퍼히어로인 자신을 통해서 진정한 자신과 상대를 인식할 수 있었고 비로소 하나가 될 수 있었던 것이죠. 이 부분은 이 영화가 '19금'으로 되는 데 결정적인 기여를 했을 뿐만 아니라, 이 영화가 던지는 주제의 핵심이기도 합니다. 영화 속 슈퍼히어로들은 계속 묻고 있습니다. '나는 누구일까? 어떤 내가 진정한 나일까?'라고.

심리학에 '페르소나(Persona)'란 용어가 있습니다. 그리스 어원의 '가면'을 나타내는 말로 '외적 인격' 또는 '가면을 쓴 인격'을 뜻합니다. 유명한 심리학자인 융Carl G. Jung은 이 페르소나를 진정한 자아(self)를 숨기고 외부와의 관계를 맺기 위해 드러내는 사회적 인격이나 태도로 보았습니다. 쉬운 말로 하자면 '겉 다르고 속 다르다' 할 때의 겉에 해당된다고 할까요. 상인이 재수 없는 손님을 겉으로는 웃는 모습으로 대하며 속으로는 욕을 해대는 그 모습을 상상하면 될 듯합니다.

슈퍼히어로에게 영웅인 자신의 모습이나 정체성은 일종의 페르소나라 할 수 있습니다. 일상을 보내던 평범한 일반인에서 영웅이 된다는 것은, 페르소나를 통해 평범한 이제까지의 인간으로서의 자아가 아닌 또 다른 자신을 연기하게 됨을 의미합니다. 하지만 어느 순간부터인가 이 페르소나가 자신을 침범하기 시작하고, 얼마 지나지 않아 자아와 페르소나가 서로 자리를 바꾸게 됩니다. 그게 바로 앞에서 말한 로어셰크의 경우이기도 하고요. 그냥 살짝 살짝 보여주려 했던 가면의 모습이 원래 가지고 있던 자신의 모습을 아예 지워버리고 점령해버리는 셈입니다.

그럼 로어셰크만 그럴까요? 배트맨이나 스파이더맨, 엑스맨 등은 어떨까요? 영화 〈다크나이트〉 시리즈에서 보여준 배트맨의 고뇌에 찬 모습들. 그는 다크히어로라는 이름에 걸맞게 자신의 정체성에 대해 고민이 많습니다. 스파이더맨은 블랙스파이더맨의 등장으로 정체성 혼란을 표면화하고, 엑스맨들은 처음부터 돌연변이라는 자신이 원하지 않는 정체성을 수용하는 과정의 어려움을 토로하는 스토리를 보여줍니다. 슈퍼히어로들이 자신의 정체성에 대해 고민하는 모습이 자주 등장하는 건, 이중생활이 길어질수록 여러 가면 중 하나의 가면이었던 영웅 페르소나가 진짜 자신과 대립할 정도로 성장해서 자신의 내면에 두 인격이 자리하게 되기 때문입니다. 마치 다중인격처럼 말이죠.

슈퍼히어로의 이중생활, 이렇게 생각하니 결코 녹록지 않아 보입니다. 하긴 그저 하루하루를 별일 없이 살아내려 발버둥치고 있는 우리의 일상도 녹록지 않은 건 마찬가지겠지만요. 우린 누구나 자신의 진짜 모습과 사람들에게 보여주는 모습이 다른 이중성을 가지고 있습니다. 그래서 우리에겐 힐링이 필요합니다. 타인 앞에선 웃어야 하지만, 뒤로는 울고 있는 자신을 위해서 말이죠. 그리고 그런 우리를 지켜주는 슈퍼히어로로, 그들에게도 역시 힐링은 필요합니다.

이름의
힘을
바라보는
시선

이중생활을 위해 일단 슈퍼히어로들은 이름 두 개를 가지고 있어야 합니다. 그래야 일상생활과 히어로로서의 생활을 구별할 수 있을뿐더러, 그와 관계되는 사람도 그를 별개의 두 인물로 대해줄 수 있기 때문이죠. 배트맨은 브루스 웨인, 캡틴 아메리카는 스티브 로저스, 데어데블은 매트 머독, 그린 랜턴은 할 조던, 헐크는 브루스 배너, 스파이더맨은 피터 파크, 슈퍼맨은 클라크 켄트 등의 일상생활용 이름이 있습니다. 일본의 슈퍼히어로도 예외는 아니라서 울트라맨은 하야타 대원이고, 초기 가면라이더는 혼도 다케시, 달의 요정 세일러문은 츠키노 우사기란 이름입니다. 참, 지구적 규모는 아니지만 국내산 슈퍼히어로라 할 수 있는 각시탈은 이강토란 이름을 가지고 있습니다.

이렇게 슈퍼히어로가 따로 일상생활의 이름을 가지고 있다는 건 이름이 지닌 힘을 활용하여 이중적 정체성을 자신의 것으로 해야 하기 때문입니다. 이름은 '그 사람은 누구인가', '나는 누구인가'를 결정짓는 정체성의 가장 핵심적인 요소입니다. 우리는 "당신은 누구입니까?"라는 물음에 먼저 자신의 이름으로 대답합니다. 동명이인이 존재한다고 해도, 이름은 다른 사람과 나를 구별 짓고 사회적으로 나를 증명하는 수단으로 인정받은 핵심 요소이기 때문이죠. 만일 두 개의 다른 인생을 살아가고 싶다면 두 개의 이름을 만들면 됩니다. 두 개 이름 중 하나가 본명이고 하나는 가명이 됩니다. 만일 어떤 사람이 본명 A와 가명 B를 사용하고 있다면 그는 A라는 사람으로서의 생활과 B라는 사람으로서의 이중생활을 하고자 하는 셈이지요.

예를 들어 애니메이션 〈하울의 움직이는 성〉의 주인공 하울은 젠킨슨, 펜드래곤, 하울이라는 세 개의 이름을 사용하고 있습니다. 애니메이션 속에서 그는 머리색도 바뀌고, 몸도 거대한 까마귀처럼 바뀌는 등 끊임없이 변화하는 자신의 정체성에 대해 고뇌합니다. 어쩌면 세 명 이상의 인격으로 쪼개서 살아가면서 느끼는 정체성 혼란의 고통을, 여주인공인 소피를 통해 치유 받고자 했을지도 모릅니다.

또 다른 지브리 스튜디오의 애니메이션 〈센과 치히로의 행방불명〉에서도 이름과 정체성의 모호성에 대한 이야기가 나옵니다. 주인공 소녀인 '오기노 치히로千尋'는 유바바가 주인으로 있는 온천장에 머무르면서 성도 없이 그냥 '센千'이란 이름으로 불리게 되죠. 치히로는 유바바의 오른팔인 하쿠의 도움으로 온천장에서 생활을 하게 되는데, 하쿠는 치히로에게 자신의 본명을 절대로 잊어서는 안 된다고 말해줍니다.

"치히로를 잊으면 너는 사라져."

왜냐하면 원래 강의 신이었던 하쿠 자신도 본래의 이름인 '니기하야미 코하쿠누시饒速水 琥珀主'를 빼앗기면서 자신의 정체성을 잊어버렸고 이 때문에 자유도 빼앗겼기 때문입니다. 애니메이션의 마지막에 그녀는 하쿠의 본래 이름을 떠올리고 그의 이름을 불러줍니다. 그러자 그는 자유를 되찾고 '강의 신'으로 돌아가게 됩니다. 〈센과 치히로의 행방불명〉에서 치히로의 가족을 현실로 돌아올 수 있게 만드는 유일한 수단은 현실 세계의 이름을 기억해내 불러주는 것입니다. 그래서 이름 부르기는 마치 소환마법의 주문과도 같은 힘을 지니고 있습니다. 이름만이 아니죠. 온천장에서는 '싫다'라든가 '집에 가고 싶어'라는 말을 하면 말이나 돼지와 같은 동물로 변해버리게 됩니다. 대신에 '여기서 일하겠어요'라고 말하면 유바바도 어떻게 하지는 못하니, 온천장에서는 말 자체가 힘 또는 마력을 가지고 있는 셈입니다. 치히로나 하쿠에게 자신의 이름을 다시 떠올리는 것은 자신의 본질과 자기 존재를 되찾는 것과 같은 거죠.

이름이 사람의 본질과 존재 자체를 말한다면, 자신을 알리고 싶지 않은 상대에게 이름이 불리는 건 결코 바람직하지 않습니다. 상대하기 싫은 사람이 이름을 부르면 당황스럽거나 불쾌한 마음이 드는 것과 비슷합니다. 그래서인지 예로부터 이름을 알아선 안 되는 상대가 자신의 이름을 알게 되면 자신 또한 사라지는 이야기가 많이 존재합니다. 우리에게는 약간 낯설긴 하지만 유럽에서는 신데렐라, 백설공주와 함께 문학연구에 빠지지 않을 만큼 이름과 존재의 관련성을 이야기하는 대표적인 민화가 있습니다. 바로『그림 동화집』에도 실린 독일 민화〈룸펠슈틸츠헨〉입니다.

한 방앗간 주인이 왕에게 자신의 딸이 황금을 만들어낼 수 있다는 거짓말을 합니다. 왕은 정말 그런지 시험해보려고 딸을 왕궁으로 데려와 짚단과 물레로 황금을 만들어보라고 하죠. 방에 갇혀 어쩔 줄 몰라 하는 딸 앞에 홀연히 난쟁이가 나타나 소원을 들어줄 테니 대가를 달라고 합니다. 첫째 날은 목걸이, 둘째 날은 반지를 주었고, 마지막 날은 줄 것이 없어지자 난쟁이는 그녀에게 왕비가 된 후 낳은 첫째 아기를 달라고 합니다. 이 약속을 승낙해버린 딸은 무사히 3일간 황금을 왕에게 바쳤고, 만족한 왕은 딸과 결혼해 아기를 낳습니다. 그러자 난쟁이는 약속대로 아이를 받으러 찾아옵니다. 왕비가 된 딸이 사정사정을 하자 난쟁이는 사흘 내에 자신의 이름을 맞추면 아이를 데려가지 않겠다고 말합니다. 사흘째가 되는 날, 한 신하가 숲에서 본 난쟁이가 '내 이름은 룸펠슈틸츠헨'이라는 이상한 노래를 불렀다고 왕비에게 고합니다. 왕비가 아기를 데리러 온 난쟁이에게 그 이름을 말하자 분노한 난쟁이는 자기 몸을 찢어버리고 사라져버립니다.

영국의 민화인 〈톰 틧 톳(Tom Tit Tot)〉도 이름을 알아맞히면 마력을 상실하는 난쟁이 요정의 이야기로, 룸펠슈틸츠헨과 같은 맥락이라 할 수 있습니다. 이름을 부르면 사라지는 악마나 마음씨 나쁜 요정의 이야기는 그들에겐 자신의 모습, 그러니까 상대방의 앞에 드러내는 외형적인 모습보다는 오히려 이름에 자신의 본성이 깃들여 있다고 말하고 있는 셈입니다. 그래서 상대방이 자신의 모습이 아니라 이름을 알게 되는 순간, 감춰진 본성을 들키게 되고 이름에 깃들어 있던 마력에 의해 힘을 잃고 마는 것이죠.

이집트 신화에는 가명이 아니라 본명이 불리면 이름을 말한 사람에게 지배를 당한다는 이야기가 있습니다. 이집트 최강의 여신 '이시스'는 아들 '호루스'를 임신하고 있는 동안 늪지대에 들어가 숨어 지내야 했는데, 이 상황을 바꿔보고자 태양의 신 '라'의 힘을 빌리는 계책을 꾸밉니다. 라는 나이가 많아 언제나 입에서 침이 흘러내렸는데, 이시스는 땅에 떨어진 침으로 독사를 만들어낸 다음 라가 매일 지나다니는 길목에 놔둡니다. 독사에게 물린 라를 어떤 신도 나서서 치료하지 못하자 이시스는 라에게 그의 진짜 이름을 가르쳐주면 치료를 해주겠다고 합니다. 이집트 마법의 세계에서는 비밀로 되어 있는 진짜 이름을 알려주면 상대방에게 지배를 당할 뿐만 아니라 힘도 빼앗기게 되어 있었습니다. 그리고 최고신 라도 그 예외는 아니었죠. 라는 호루스 이외에는 누구에게도 밝히지 않겠다는 조건으로 자신의 진짜 이름을 이시스에게 알려주는 바람에 비록 목숨은 건졌습니다. 하지만 힘을 잃어버리게 되고, 호루스가 그의 뒤를 이어 최고신의 자리를 계승하게 됩니다. 이름에 깃든 마력을 엿볼 수 있는 이야기입니다.

그리스 영웅이야기에도 이름과 관련된 일화가 있습니다. 트로이 전쟁이 끝난 후 오디세우스는 10년 동안 바다를 방랑하면서 많은 모험을 했는데, 한번은 외눈박이 키클롭스족이 사는 섬에 상륙하여 동굴에 살고 있는 엄청난 거구인 폴리페모스와 마주치게 됩니다. 그 동굴에는 먹을 것이 풍부해서 오디세우스는 좀 나눠달라고 하지만, 폴리페모스는 싫다고 하고서는 동굴 문을 바위로 막아 일행들을 차례로 잡아먹습니다. 이때 오디세우스는 기지를 발휘해 그에게 포도주를 먹이고, 자신의 이름은 '아무도 아니다'라는 뜻의 '우티스'라고 말합니다. 그러고는 만취한 폴리페모스의 눈을 찌르고 도망칩니다. 폴리페모스의 비명 소리에 놀란 동료 키클롭스들이 달려와 누가 이렇게 했냐고 묻자 그는 "우티스가 나를 죽이려 하네!"라고 외쳤습니다. 하지만, 동료들은 그의 말을 듣고 그가 미쳤다고 생각합니다. 그의 말은 결국 "아무도 나를 죽이려 하지 않네"라는 뜻이었기 때문이죠.

결국 오디세우스 일행은 무사히 도망칩니다. 하지만 배에 다다른 오디세우스가 방심하고선 "불쌍한 폴리페모스여, 누가 너의 눈을 멀게 한 자가 누구냐고 묻거든, 이타케의 오디세우스라고 말하라!"라고 소리치는 바람에 폴리페모스는 그의 진짜 이름을 알게 됩니다. 그리고 폴리페모스의 아버지인 바다의 신 포세이돈에게 오디세우스의 귀향을 방해해달라고 기도합니다. 결국 오디세우스는 이 실수 하나로 포세이돈의 미움을 받아 10년이나 더 바다를 방랑하게 되죠.

이처럼 이름에 알 수 없는 힘이 깃들어 있다고 생각하는 것은 일종의 애니미즘(animism)이기도 합니다. 간단히 말해 애니미즘이란 무생물에게까지 영혼이 깃들어 있다고 믿는 세계관을 말합니다. 식물과 동물은 물론 바위나 흙, 물에도 영혼이 있다고 생각하는 것이죠. 애니미즘 속에 바위 요정, 강의 요정은 너무나 자연스런 등장인물이 됩니다. 그런데 이 애니미즘의 영향 범위는 상당히 넓어서, 말과 언어에도 영혼 또는 영혼의 힘이 있다고 생각하게 되었고, 이런 생각의 확장이야말로 바로 언어, 특히 이름이 마력을 지니게 된 까닭이 됩니다.

그럼 왜 이름에까지 애니미즘의 영향력이 미친 것일까요? 그것은 인류가 걸어온 길은 언어라는 밑바탕이 없으면 안 되었기 때문입니다. 언어는 인간과 지구상의 다른 존재를 구별 짓는 특징입니다. 그리고 인간이 이루어낸 모든 성과도 언어라는 기반이 없으면 발전, 유지, 계승될 수 없었죠. 더욱이 언어는 지식을 대대로 전승하고 축적하는 핵심 요소이기도 했고, 인간이 자신의 생각과 감정을 드러내기 위한 중요한 도구였습니다. 이 언어 중 가장 영향력이 큰 것은 다름 아닌 '이름'입니다. 사람의 이름, 지역의 이름, 산의 이름, 강의 이름, 회사의 이름, 상품의 이름 등등. 이름은 인간이 세상에 태어나 처음으로 이것과 저것을 구별하면서 얻게 되는 지식의 기초라 할 수 있습니다. 아기는 이름을 붙여 엄마와 아빠를 구별하고, 강아지와 고양이를 구별하고, 백두산과 한라산을 구별하면서 삼라만상을 파악하기 시작하는 앎의 체계를 갖춰나갑니다. 그리고 자기 이름이 불리면 재빨리 반응해서 엄마로부터 원하는 것을 얻어야 합니다. 엄마가 이름을 부르면 생글거리고 꺄르르 웃는 반응을 해주어야 더 사랑받고 쉽게 세상을 살아갈 수 있습니다. 이런 까닭에 우리는 무언가에 이름을 붙이고, 이름을 부르고, 이름에 반응하지 않고는 살 수 없는 환경을 스스로 만들어 온 것입니다.

이런 까닭에 오랜 옛날부터 동서양을 막론하고 이름은 영성(靈性)을 지닌 영적 존재로 여겼습니다. 일본에는 오래전부터 이름을 포함한 말에 영혼이 깃들어 있다는 '언령(言靈)'이라는 말이 있었습니다. '말한다 또는 말한 것'이라는 어원을 갖는 그리스어 로고스(logos)는 인간의 이성, 정신은 물론 우주적인 실재 또는 사물의 합리적인 존재 법칙이라는 존재론을 표현하는 의미로까지 확장되었습니다.

이처럼 말에 깃든 영적이면서 존재론적 마력이라는 생각은 많은 사람이 되풀이하여 부르게 되는 이름에도 자연스럽게 영적인 힘이나 운명성이 내재될 것이라는 믿음으로 발전합니다. 고대 로마 사람들이 'Nomen est Omen' 즉 '이름이 곧 운명이다'라고 했던 것도 아마 같은 맥락에서 이해할 수 있을 겁니다. 이름에 대한 우리의 이 같은 믿음은 '이름에 의해 자신의 인생이 결정된다고 하는 믿음'으로 조금씩 바뀌게 되었습니다. 그래서 자신의 이름이 조금 이상하다는 생각에 개명을 하려고 하는 사람도 점차 늘어나고 있습니다. 그런데 과연 이름은 그 사람의 운명에 영향을 미치는 것일까요? 정말 이름이 미치는 영향력이 존재하는 것일까요?

이게 궁금해서 미국 예일대 심리학과 교수 등이 MBA과정을 밟고 있는 1만 5천명을 대상으로 5년간 연구를 했습니다. 그들에 따르면 톰Tom이라는 이름을 가진 사람은 비슷한 이름의 토요타(Toyota) 자동차를 구매할 가능성이 높고, 데니스Dennis나 데나Denna라는 이름을 가진 사람은 치과의사(dentist)가 될 확률이 높다고 하네요. 뉴욕주립대학교의 또 다른 연구에 따르면 플로리다 주에는 플로렌스, 조지아주에는 조지, 켄터키주에는 케니스, 버지니아 주에는 버질이라는 이름의 주민이 많다고 합니다. 게다가 각자의 성과 직업의 관계를 연구한 결과를 보면, 멈파워Mumpower란 이름을 가진 사람은 교육심리학자, 비트(beat)와 샵(sharp)은 음악교사 등의 직업을 많이 가지고 있다고 합니다. 이름의 이니셜이 긍정적 단어(ace, hug, joy 등)를 연상시키는 사람이라면 부정적 단어(pig, die 등)를 연상시키는 경우에 비해 평균 수명이 3년 정도 길다는 연구도 있다고 하네요.

이런 연구 결과에 영향을 받은 것인지, 2013년 7월 영국왕실의 로열베이비가 태어났을 때 재미있는 일이 있었습니다. 아이의 이름인 '조지 알렉산더 루이스George Alexander Louis'에 대해 캘리포니아

대학교 알버트 메라비언Albert Mehrabian 명예교수가 좋지 않은 이름이라고 평가한 것이죠. 네이밍 연구가로 알려진 그는 조지라는 이름은 100점 만점에 36점 정도의 매력밖에 없으니 이름을 100만점짜리인 제임스로 해야 한다고 주장했습니다. 조지는 도덕성 면에서는 괜찮은 인물이지만, 남성다움, 성공, 즐거움을 주는 인물의 면에서는 좋지 않다고 했다나요.

이렇듯 이름에 신비한 힘이 있다 보니 이름이 없다는 것은 끔찍한 일이 아닐 수 없습니다. 하지만 우리에게 때로는 이름이 아닌, 단순한 구별을 위한 표식이 주어질 때도 있습니다. 현실 세계에서는 주민등록번호, 군번, 학번 등의 숫자일 수도 있고, 감옥에 갇힌 죄수들의 수인번호일 수도 있습니다. SF나 액션 영화, 애니메이션에서 거대 권력에 의해 지배받는 인간들에게 이름이 말살되고 번호나 알파벳으로 된 구분 표식만 주어지는 경우를 쉽게 접할 수 있습니다. 철저히 인간으로서의 개성을 없애고 하나의 부품이나 요소, 또는 단위로서만 존재를 인정한다는 뜻이죠.

존재의 본질, 개인의 성격, 정체성 등이 인정받지 못하게 되면 개인은 그저 전체의 부속으로만 존재하게 되고, 자기 자신을 일종의 관리되는 물건으로 인식하게 됩니다. 영화 〈빠삐용〉이나 〈쇼생크의 탈출〉에서 보는 것처럼 그들이 관리의 세계에서 탈출한다는 것은 다시 자신의 이름을 큰 소리로 부를 수 있는 것이고, 진정한 나란 누구인가를 알게 되는 것입니다.

전장에
등을 떠밀린
아이들을
바라보는
시선

로봇 애니메이션을 좋아하는 사람이라면 한 번은 빠져봤을 건담, 에반게리온, 용자 시리즈. 이들 애니메이션에는 공통적인 것이 있습니다. 일본 거 아니냐고요? 그거 말고 또 하나가 더 있습니다.

바로 아이들이 적을 물리치고, 지구를 지키고, 최고의 용사가 되어 싸운다는 점입니다. 그런데 이 애니메이션들, '왜 아이들을 이런 지경에까지 내몰아야 하냐'는 반성은 어디에서도 찾아볼 수가 없습니다. 아니 오히려 '반성 따윈 필요 없다. 왜냐하면 아이들이 아니면 지구를 지킬 수 없으니까!'라면서 당연하지 않냐는 표정이네요.

이 애니메이션에 나오는 주인공 소년들에게는 생전 처음 조종석에 앉아야 하면서도 어떤 거부권도 행사할 권리가 주어지지 않습니다. 아니 오히려 그들에겐 '이걸 조종할 수 있는 사람은 너밖에 없어', '너는 태어날 때부터 이 로봇을 타고 지구를 구할 운명이었다니까'라는 식의, 거두절미하고 '타고 나가서 싸워!'의 명제밖에 주어지지 않는 듯합니다. 아직 어린아이들인데 해도 해도 너무하다는 생각이 드네요.

그러나 일본이 아닌 미국이나 우리나라의 경우는 애니메이션 주인공으로 아이가 등장하는 경우가 있긴 있지만 히어로의 성격을 지닌 경우를 찾기는 어렵습니다. 혹시 일본에만 독특하게 아동 히어로 문화가 있는 걸까요? 여기에 나만의 답을 찾기 위해 잠깐 타임머신을 타고 20세기로 돌아가봅시다. 1990년 전후로 동네 아이들이 빠진 것이 있었으니 바로 게임팩이라는 것입니다. 특히 일본 닌텐도사가 만든 게임기와 함께 여기에 장착되는 게임팩은 세계적 히트상품이었으니, 당연히 미국, 유럽에서도 발매가 되었습니다.

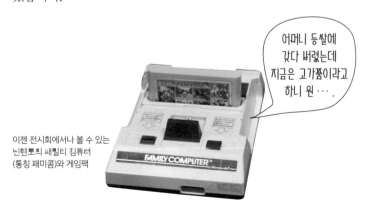

어머니 등쌀에 갖다 버렸는데 지금은 고가품이라고 하니 원….

이젠 전시회에서나 볼 수 있는 닌텐도의 패밀리 컴퓨터(통칭 패미콤)와 게임팩

그런데 이 게임팩의 디자인, 가만히 들여다보면 싸움터에 내보내지는 아이들을 바라보는 시선의 차이를 엿볼 수 있습니다. 우선 미국에서 발매된 〈메가맨(Mega Man)〉게임의 게임팩을 보시죠. 뭐 세월이 한참 흘렀으니 디자인의 유치함은 그렇다 치더라도, 주인공의 모습이 왠지 아저씨의 얼굴을 하고 있는 데다가 게임 주인공 캐릭터라 하기엔 뭔가 모자란 감이 없지 않네요. 보는 김에 같은 게임의 시리즈로 메가맨9(Mega Man9)의 게임 CD 자켓도 볼까요? 게임팩 디자인보다는 조금 세련된 감이 있긴 하지만, 중년 아저씨 느낌이 여전합니다. 참고로 유럽에서 발매된 같은 게임소프트의 디자인도 보시죠.

미국에서 발매된 〈메가맨〉과
〈메가맨9〉의 게임소프트 디자인

유럽에서 발매된 〈메가맨2〉 게임소프트 디자인

자, 그럼 슬슬 궁금해지네요. 닌텐도의 게임은 이렇게 아저씨가 주인공으로 나오는 경우가 거의 없잖아요. 마리오조차도 귀엽고 앙증맞은 아저씨니까요. 그럼 도대체 이 게임의 정체는 무엇일까요?

바로 국내에서도 〈록맨(Rock Man)〉이란 이름으로 발매되었던, 1987년 당시 유명 게임소프트사인 캡콤(CAPCOM)이 만들어낸 인기 시리즈 게임입니다. 일본이나 우리나라에서는 매우 귀여운 10세 전후 정도의 아이가 주인공인 이 게임 캐릭터가 무슨 일이 있었기에 바다 건너가더니 나이 먹은 아저씨가 된 걸까요?

아무리 봐도
초등학생 눈높이에
딱 맞는 캐릭터

일본에서 발매된 〈록맨〉과 〈록맨9〉의 게임소프트 디자인

굴이 회수를 건너면 탱자가 된다는 말이 있는데, 기왕 말이 나온 김에 이 신비한 사례를 하나 더 보고 가도록 하죠. 20세기에 게임을 조금이라도 접해 보았던 사람이라면 누구나 아는 게임인 〈드래곤 퀘스트(Dragon Quest)〉. 이 게임 시리즈가 인기를 끌었던 1990년대 일본에서는 게임소프트를 사기 위해 밤새워 줄을 서기도 했다는 일화가 있을 정도로 전설적인 게임입니다. 우선 미국판 패키지 디자인을 먼저 볼까요.

디자인만 보면
최근 흔히 접하는
판타지 게임이라
오해할 정도네요.

미국 <드래곤 워리어2>의 게임소프트 디자인

　　미국에서는 드래곤 퀘스트란 명칭이 이미 등록이 되어 있었던
바람에 할 수 없이 이름을 <드래곤 워리어(Dragon Warrior)>란 타
이틀로 게임 시리즈가 발매되었다고 합니다. 디자인을 보면 왠지
전형적인 중세 판타지 게임 느낌이 들긴 하지만 그렇다고 이상할
정도는 아니네요. 그럼 1987년 일본에서 출시된 원작 게임 <드
래곤 퀘스트>의 디자인은 어땠을까요? 같은 시리즈인 <드래곤
퀘스트2>의 디자인을 보시죠.

역시 귀엽네요.
옆에 캐릭터하고는
부모와 자식 관계로
착각할 정도?

일본 <드래곤 퀘스트2>의 게임소프트 디자인

태평양만 건너가면 귀여운 아이들이 훌쩍 자라 어른이 되어버리는 이 이상한 현상, 애니메이션도 예외는 아니랍니다. 만화, 애니메이션, 게임에서 세계적 히트작인 된 〈드래곤볼〉은 어떨까요? 흥행에서는 둘째가라면 서러운 이 일본산 콘텐츠의 주인공들은 대부분 초등학교 저학년 정도의 어린 시절부터 지구를 파멸시킬지 모르는 적과 싸우면서 성장합니다. 워낙 유명한 콘텐츠이니 미국 헐리웃에서도 관심을 가지고 있다가 실사 영화로 제작하여 국내에도 2009년 개봉했습니다. 많은 분들이 알고 있을 주인공 캐릭터들을 떠올리면서 포스터를 보면 왠지 위화감이 드는 것을 어찌할 수는 없습니다. 조금은 더 어리게 나와야 할 것 같은 캐릭터들이 너무 성숙해 보입니다.

이 정도로 살펴봤으면 이제 슬슬 감이 잡히지 않나요? 아이들이 히어로가 되어서 전장에 내몰리는 건 세계 보편적인 문화 현상이 아니랍니다. 그래서 얼마 전까지만 해도 일본 게임이나 애니메이션이 미국에 가면 이런 식으로 바뀔 수밖에 없었던 거죠. 그

헐리웃의 〈드래곤볼〉 실사 영화
포스터

럼 왜 이렇게 바다만 건너면 연령 왜곡이 일어나는 걸까요? 그것은 어린아이들이 싸움터에서 치고받고 싸우는 게 미국 또는 유럽의 문화에서는 용납이 되지 않기 때문입니다. 원작 게임이나 애니메이션에 등장하는 캐릭터가 어린이로 설정이 되어 있다 해도, 미국이나 유럽의 문화에서는 원래는 어른 캐릭터인데 게임 화면 상에서는 작은 몸집으로 나온다고 말하지 않으면 안 되었던 겁니다. 소비자에게 그렇게 어필하지 않으면 아동을 싸움터에 내몬다는 아동 학대적인 내용으로 오해를 받았죠.

미국과 유럽의 서구적 사고방식에서는 목숨이 왔다 갔다 하는 가혹한 세상에 아이들의 등을 떠미는 것은 어른들이 해서는 안 될 짓으로 간주되어왔습니다. 물론 이런 인식은 산업혁명 시기 이후 어린아이들의 노동 착취가 문제가 되고, 이후 아동인권 보호가 사회복지의 핵심과제가 되면서 아동에 대한 사회적인 인식이 다른 국가나 문화권보다 빠르게 정착되었기 때문이겠죠.

여기에 덧붙여 아직 정상적인 판단이 불가능한 미성년자, 게다가 초등학교를 갓 졸업한 연령의 아이들이 너무나 큰 짐을 지고 살아가는 것은 부당하다는 사회적 인식도 한몫을 했습니다. 하지만 가만히 속사정을 들여다보면 그냥 아이들이 등장해서 세상을 파멸시킬 적과 싸우는 것이 아동의 인권문제나 미성년자의 판단 능력 부족에 대한 배려와 같이 '도덕적으로 옳지 않다'는 이유만은 아닌 것처럼 느껴지기도 하네요. 그 사례를 한 번 살펴보죠.

만화책으론 1951년에, TV 시리즈 애니메이션으론 1963년에 세상에 선을 보인 후 이제는 우리 모두가 알고 있는 캐릭터가 된 〈철완 아톰〉. 이 귀여운 소년 로봇인 아톰을 미국 헐리웃에서 〈Astro Boy〉라는 타이틀로 3D 애니메이션으로 제작하였습니다. 그런데 제작 기획 당시 미국 제작사가 일본의 테츠카 프로덕션에 〈Astro Boy〉에 등장할 아톰 캐릭터 디자인을 보내왔는데, 그 디자인을 보고 일본 담당자들은 기겁을 했다고 합니다.

그 이유는 아톰이 불쑥 자라 아저씨 캐릭터가 되어 왔기 때문이었습니다. 원래 아톰은 키가 135센티미터이며 초등학교 저학년이라는 설정으로 만화와 애니메이션의 캐릭터로 활약하고 있었습니다. 그래서 일본 측 담당 프로듀서는 "미국 디자인의 아톰이 35세 아저씨로 보인다"고 했지만, 미국 감독은 오히려 "일본 쪽 아톰이 내게는 3살로 보인다"고 받아쳤다고 하네요. 급기야 미국 제작사 측은 자신들의 아톰 캐릭터를 가지고 '이 캐릭터가 주인공인 애니메이션을 보고 싶은가?'라는 내용의 시장조사까지 벌였습니다. 그런데, 우리 예측과는 조금 다른 의외의 결과가 나왔습니다. 6~11세 응답자의 90퍼센트, 12~17세의 69퍼센트, 40세 이상의 90퍼센트가 미국산 아저씨 아톰 캐릭터가 나오는 걸 '보고 싶다'고 답했던 것이죠. 그들에게 일본산 아톰 캐릭터를 보여주니 대부분의 응답자가 "지나치게 어려 보인다"고 답했다고 합니다. 이렇게 조사결과까지 들고 나온 미국 제작사의 열의 때문에 저작권을 가지고 있는 테츠카 프로덕션은 합의를 통해 일본산보다는 조금 성숙한 이미지의 아톰 캐릭터로 결정을 지었습니다.

생각해보면 배트맨, 슈퍼맨, 아이언맨, 원더우먼, 토르, 스파이더맨 등 슈퍼히어로의 대국인 미국의 히어로는 성인이나 고등학생 이상의 하이틴인 경우가 대부분입니다. 우리나라의 히어로인 홍길동, 장길산, 각시탈 등도 어른이죠. 일본도 오랫동안 히어로하면 어른이었습니다. 그런데 제2차 세계대전을 전후로 해서 만화, 애니메이션이 오락용으로 바뀌면서 일본과 미국은 히어로를 바라보는 시선이 정반대로 향하게 됩니다. 미국은 아동 히어로에 대해 철저히 부정적인 시선을 지니게 되는데, 여기에는 코믹윤리규정위원회(The Comics Code Authority, CCA)의 역할이 큰 공헌을 했습니다. 이 위원회는 미국 만화책인 코믹북의 내용 관리를 위해 설립된 것으로, 가맹 출판사는 통칭 '코믹 코드(Comic Code)'라 불리는 위원회가 정한 윤리규정을 따르지 않으면 출판 허가를 받을 수 없었습니다. 따라서 위원회의 출판 허가는 소비자가 만화책을 구매하는 데 큰 영향을 미치게 되었고, 1954년부터 위원회는 사실상 검열기관으로 군림하게 됩니다.

이 윤리규정은 범죄 코믹이나 호러물, 특히 폭력과 유혈 장면, 성적 표현 등 청소년에게 악영향을 미칠 수 있는 표현을 규제하는 것이었죠. 그 밖에 전율, 불쾌감 등을 유발하는 표현, 흡혈귀, 좀비 등도 표현의 규제 대상이 되기도 했습니다. 그러니 자연스럽게 아무리 나쁜 놈을 상대로 싸운다고 해도 청소년이 폭력을 휘두르거나 사람을 죽이는 내용은 규제를 받을 수밖에 없었습니다.

이 윤리규정은 2011년 마지막 가맹 출판사가 탈퇴하면서 실질적으로 폐지될 때까지 몇 차례 개정이 되면서도 유지되었습니다. 만일 이 윤리규정이 그대로 일본에도 적용이 되었다면 유혈이 낭자한 〈기생수〉나 〈바람의 검심〉 등 대부분의 인기 만화, 애니메이션이 세상에 빛을 보지 못했을 겁니다. 게다가 이 윤리규정에 따르면 권선징악이 주제가 되어야 하며, 히어로가 내적인 갈등을 표출하는 것도 불가능했습니다. 그래서 위원회의 힘이 약해진 1990년대 후반에 들어와서야 비로소 배트맨도 스파이더맨도 정의와 개인의 이익, 개인적 욕망 사이에서 사투를 벌이는 인간적인 모습으로 그려질 수 있었던 거죠.

만화나 애니메이션에 엄격했던 미국과 달리 일본은 아동 히어로에 대해 관대한 시선을 가지고 있었고, 오히려 이 시선을 통해 콘텐츠 산업을 융성시키려고 했습니다. 왜냐하면 미국에서 〈캡틴 아메리카〉가 전쟁에 승리한 '국가를 위해!'라는 히어로로 멋지게 그려질 때, 패전국인 일본으로서는 히어로가 등장하기 어려운 상황이었기 때문이었죠. 전쟁이 끝난 직후 세계대전을 일으킨 악인으로 취급받던 마당에, '지구를 위해', '국가를 위해'라는 히어로라니 씨알도 먹히지 않는 상황이었던 셈입니다.

그러나 일본은 패전 후 맥아더의 미군 통치 아래에서 미국 문화의 영향을 받기 시작하면서, 만화와 애니메이션을 비롯한 콘텐츠가 대중적인 오락으로 소비되기 시작합니다. 그리고 이런 상황에서 조금씩 성장하는 시장으로 만화책 소비가 늘어나면서 일본 나름대로의 독자적인 만화, 애니메이션의 스타일이 만들어집니다.

당시 미국 코믹물의 주요 소비층은 어른들이었지만, 일본에서는 아동을 타깃으로 한 만화가 잘 팔렸습니다. 일본에는 미국과 같은 윤리규정위원회가 없었던 것도 한몫을 했죠. 만일 세계평화, 국가보위 운운하면서 어른들끼리 싸우는 내용이 그려지면 자연스럽게 전쟁과 연결되어 전쟁 당사자인 일본 자신의 입장이 조금 난처해질 수도 있겠지만, 아이들이 등장해서 거대한 음모에 맞서고 악당을 때려잡는 것은 어차피 가상적인 설정이니 모두가 정말 '만화'로 받아들이면서 위화감을 느끼지 못했습니다.

또한 주요 소비층이었던 아이들은 어른들만큼 만화나 애니메이션의 내용을 가지고 정치적인 계산을 할 수 없었기 때문에 그저 내용이 권선징악적이라고만 여길 것이라는 제작자 측의 생각도 있었을 겁니다. 물론 전통적으로 귀여운(일본어로 '가와이이 かわいい') 캐릭터를 선호하는 일본의 감성도 한몫을 하면서 아동이 주인공이 되는 만화가 대세를 이루게 됩니다. 여기에 일본이 패전의 시련을 극복하는 과정에서 내세웠던 기술입국(技術立國)의 취지에 맞춰 과학과 기술의 상징처럼 여겨지던 로봇 만화와 애니메이션이 봇물 터지듯 양산됩니다. 그리고 로봇 조종사로 10대 초중반을 지칭하는 로우틴의 아이들이 등장합니다. 이런 경향은 1980년 이후 급격히 강해져서 〈건담 시리즈〉, 〈용자 시리즈〉, 〈에반게리온〉에 이르기까지 주류를 이루게 되고, 〈유유백서〉를 비롯한 판타지 액션 장르에서도 히어로의 연령이 낮아지는 경향을 보이게 됩니다.

남자아이에 국한되지 않는 연령 저하 경향은 여자아이가 히로인으로 등장하는 마법소녀 만화, 애니메이션 붐으로 이어집니다. 〈요술공주 세리〉 이후에 순정만화, 애니메이션의 계보는 마법소녀 장르가 대세를 이루면서 〈달의 요정 세일러문〉 이후 어느 정도 정착단계에 접어들었습니다. 지금까지도 계속해서 로우틴 소녀의 히로인 작품이 뒤를 잇고 있으며, 오히려 소년물보다 더 일반화되어 가는 모습도 보이고 있습니다. 아마도 전쟁이나 싸움의 장본인이 남성이 되는 경우가 많은 현실에서, 전투의 주인공이 여자이면서 나이가 어린 소녀라면 독자나 시청자 입장에서는 좀 더 마음 편하게, 가상적 스토리로 읽을 수 있어 심리적인 부담이 덜 했을 가능성이 큽니다. 게다가 소녀 캐릭터의 감성적 전투 심리는 남성 전사들이 지닌 '넌 나쁜 놈이니 작살을 내주겠어!'와는 다른 이야기 전개를 보이고 있었죠. 패전의 아픔을 따뜻하게 보듬는 모성애까지 이들 소녀 캐릭터들이 표현할 수 있었으니 그야말로 일본 입장에선 안성맞춤이었을 겁니다.

　　하지만 이제 세상도 점차 바뀌어가고 있습니다. 이제는 미국도 콘텐츠 분야에서 더 이상 도덕이나 규정이나 이런 것에서 얽매이지 않고 벗어나려 하고 있고, 재패니메이션(Japan+Animation)이라고 불리는 일본 만화와 애니메이션의 영향력은 세계적으로 인정받게 되었습니다. 더욱이 헐리웃의 영화관계자 중 일본 애니메이션 마니아도 다수 나타나면서 이제 더 이상 소년 소녀들이 주인공이 되어 지구를 구하고 악당들과 싸우는 스토리에 거부감을 가지지 않게 되었습니다. 여기에 콘텐츠를 윤리적으로 받아들이느냐 마느냐는 그야말로 소비자가 판단할 문제라는, 어쩌면 시장주의의 철학이 철저해진 탓도 있겠죠.

미국의 이런 변화된 흐름의 대표적인 영화가 2013년 개봉한 〈엔더스 게임(Ender's Game)〉이라 할 수 있습니다. 영화는 외계 종족의 공격에서 가까스로 살아남은 뒤 우주함대를 결성한 인류가, 지구를 지켜낼 단 한 명의 영웅으로 소년 엔더를 선택한다는 내용입니다. 엔더는 외로움과 고통을 이겨내고 철저한 훈련과 시뮬레이션 전투를 통해 우주함대 최고의 지휘관으로 성장하게 되고 결전을 맞이합니다. 이런 전개는 전형적인 일본 로봇 애니메이션의 흐름이었습니다. 엔더는 자신의 어깨에 지구의 운명을 짊어지죠. 20세기의 헐리웃이라면 생각도 못할 캐릭터 설정입니다.

하지만 이제 당당히 헐리웃도 외치고 있습니다. '얘들아 지구를 구해줘!'라고요. 물론 아이들이 히어로로 나오는 헐리웃 영화는 이전에도 있었을 것입니다. 터미네이터 시리즈에는 존 카터의 소년 시절 캐릭터가 등장하기도 하니까요. 하지만 이건 어디까지나 터미네이터와 엄마의 활약을 돕는 조역에 불과할 뿐, 아이가 나서서 사람을 죽이고 적을 부수고 하는 모습을 찾아보기는 힘들었습니다. 영화 〈스파이키드〉 시리즈도 예외는 아닙니다. 아동이 히어로라기보다는 엄마나 아빠의 영향을 받아서 재미있게 활약하는 역할 정도로 보여주는 것에 그칩니다. 그들에게는 히어로가 느끼는 사명감, 긴장감은 느껴지지 않고, 꼬마들도 엔더처럼 어깨에 무거운 짐을 지고 결전의 장으로 향하는 것이 아니니까요.

이 와중에 본격 아동 히어로를 표방하는 헐리웃 영화가 하나 있습니다. 13살 정도의 여자아이가 히어로로 나오는 영화 〈킥애스 (Kick Ass)〉. 이 영화는 동명의 코믹을 원작으로 하고 있습니다. 영화에서 경찰인 아버지 데이먼은 악당들에게 아내를 잃고 누명을 쓰고 투옥되고 마는데, 그는 딸 민디를 '히트 걸'로 훈련시켜 부녀가 함께 슈퍼히어로로 나서서 활약합니다. 만화는 꽤 잔인한 폭력이 난무하고 히트 걸이 적을 죽이는 장면을 리얼하게 그려내고 있으니, 정말 윤리규정이 있던 시대라면 생각도 못할 내용이겠죠. 코믹은 2008년, 영화는 2010년의 작품이니 정말 최근의 변화라고 생각하면 될 듯합니다. 이전에는 바다를 사이에 두고 소년 소녀 히어로를 바라보았던 전혀 달랐던 시선이, 이제는 어느 지역이나 국가나 상관없이 소년 소녀 히어로를 재미의 한 요소로 바라보고 그들 또한 히어로의 역할을 할 수 있다는 시선으로 점차 변화해가고 있습니다.

이런 시선 변화의 가장 큰 이유는 아이들 스스로가 많은 정보와 세상 경험을 접하면서 실제로도 예전과는 달리 많은 부분 어른과 유사한 행태를 보이게 되었기 때문이겠죠. 이건 성숙의 문제가 아니라, '나도 어른과 같다'라는 의식의 변화를 뜻합니다. 게다가 어떤 면에서는 정보를 다루고 소통하고 첨단 기기를 조작하는 능력이 성인보다 더 뛰어나기도 하고요.

또 하나는 콘텐츠의 소비자층이 성인이 아니라 틴에이저 중심의 청소년으로 많이 이동했기 때문입니다. 청소년은 자기와 비슷한 또래의 히어로가 활약하는 것을 보면서 대리만족을 느낍니다. 콘텐츠를 제작하고 공급하는 쪽에서도 이런 청소년의 심리를 파악하고 소년 소녀 히어로들을 새로운 아이돌(idol)적인 존재로 만들려고 합니다. 대중음악 분야에만 아이돌이 있는 것이 아니라 애니메이션이나 만화에도 아이돌이 필요한 시대가 된 것이죠. '나도 저렇게 될 수 있어' 또는 '되고 싶어'라는 워너비를 창출하여 상품화하려는 목적이기도 합니다.

하지만 이런 표면적인 이유보다는 점차 사회가 복잡한 양상을 더해가면서 이전처럼 단순한 권선징악을 주제로 명확히 '선과 악'을 구분 짓는 것이 현실적으로 거의 불가능해졌기 때문이기도 합니다. 최근 드라마를 보면 악녀라고 생각했던 여자가 사실은 착하고 순수한 여자이며, 그녀도 어쩔 수 없는 상황이라 주인공을 괴롭히는 악녀가 되었다는 스토리가 많이 등장하는 것도 같은 이유입니다. 이전과는 다르게 정치적, 경제적, 사회적, 심리적 요인이 복잡하게 얽힌 탓에 태생적 선이나 원초적 악이 존재하기 어려워졌습니다. 그러다 보니 선이 악을 물리쳐야 하는 권선징악의 기본적 스토리에서, 히어로인 '선(善)'의 캐릭터를 설정하기가 보다 어려워졌습니다.

아무리 사회적으로는 추앙받고 깨끗한 이미지를 지닌 학자, 종교인이라도 부끄러운 뉴스의 주인공이 되고 있고, 권력과 명예의 핵심인 정치인은 이미 선과 악의 구분자를 넘는 존재로 바뀌었고,

기업인과 언론인도 사리사욕을 채우려고 하는 이기적 존재로 인식되고 있는 현실에서 '선'의 대표인 히어로의 설정은 쉽지 않습니다. 그렇다면 남은 방법은 하나. 세상에 물들지 않고 옳다고 생각하는 것은 앞뒤 가리지 않고 옳다고 이야기할 수 있는 절대적 선으로서 아이들을 히어로로 발탁하는 것입니다. 아이들이 히어로로 선택된 순간, 사람들은 이 히어로는 절대로 정의와 선을 배신하지 않을 것이라고 믿게 됩니다.

하지만 아이들이 히어로가 되는 세상은 과연 좋은 세상일까요? 단연코 그렇지 않을 겁니다. 지금도 아이들이 세상 흐름에 휘둘려서 이리저리 내몰리고 있는 마당에 아이들에게 사회의, 국가의, 세상의, 아니 지구평화의 짐까지 지라고 한다면 조금 너무한 거 아닐까요? 그렇다고 아이들이 히어로로 나오는 만화나 애니메이션을 안 볼 거냐고 묻는다면 대답하기는 힘들겠네요. 절대 선의 아이들이 악을 물리치는 것을 보면서 가슴을 졸이는 그 짜릿함을 뺏기기는 또 싫기 때문에 말이죠. 결국 이런 시선의 이중성이 아마 아이들이 지구를 구해야 하는 콘텐츠를 앞으로도 양산하는 이유가 될 듯합니다.

외눈박이
자쿠를
바라보는
차별의
시선

소년 히어로의 가장 대표적인 콘텐츠는 뭐니 뭐니 해도 애니메이션 역사의 한 획을 그은 〈건담〉 시리즈라고 할 수 있습니다. 건담을 조종하는 주인공 아무로의 나이는 15세, 오죽하면 그를 본 함장의 첫 대사가 다음과 같았을까요.

"아이에요. 아이가 건담을 타고 있습니다!"

건담은 시리즈도 많았고 오랜 기간 애니메이션이 방영되었기 때문에 수없이 많은 로봇들이 등장했습니다. 물론 주인공 건담도 조금씩 모습을 바꿔가면서 많은 주목을 받았습니다. 그리고 건담에

못지않게 인기를 구가하는 로봇이 있습니다. 의외라는 생각이 들겠지만 바로 건담의 적이자 최대 경쟁자인 '자쿠'라는 로봇입니다.

시리즈가 바뀌어도 외눈을 고집하던
칙칙한 패션의 자쿠

건담의 스토리는 크게 건담이 속한 연방군과 자쿠가 속한 지온군의 대결입니다. 양쪽은 다양한 전투 모빌슈트(로봇)를 선보입니다. 시리즈가 바뀌거나 시간이 지나면서 조금씩 모빌슈트의 디자인이 바뀜에도 불구하고 거의 달라지지 않는 특징이 있습니다. 지온군은 외눈 모델을, 연방군은 양눈 모델을 택하고 있다는 점입니다. 그러면 당연히 자쿠는 외눈, 건담은 양눈이 되는 셈인데, 왜 이런 디자인을 택해서 유지하고 있는 것일까요?

자쿠와 건담의 눈은 외부 사물을 지각하는 카메라의 역할을 합니다. 자쿠의 경우 옆으로 긴 창에 카메라가 오른쪽, 왼쪽으로 움직이는 모양이 빛으로 표현됩니다. 이에 반해 건담은 인간이나 그 밖의 대부분 동물과 마찬가지로 좌우에 눈이 달렸습니다. 아름다움의 기준 중 가장 핵심적인 것이 대칭성이라고 하는데, 이런 면에서 건담의 모습은 하나의 눈이 좌우로 움직이는 자쿠보다는 훨씬 아름다운 디자인임을 알 수 있습니다. 자쿠는 처음 기획단계에서부터 외눈, 즉 모노아이(mono eye) 디자인을 채택했다고 하네요. 어쩌면 몸체의 색도 화려하고 형태도 가장 아름다운 로봇인 건담과, 몸체의 색도 칙칙한 단색 톤에 형태 자체도 그다지 세련되었다고는 말할 수 없는 자쿠는 운명적으로 대비될 수밖에 없는 존재였는지도 모릅니다.

하지만 외눈이든 양눈이든, 건담이든 자쿠든, 눈만이 아니라 다양한 외부 식별장치 및 각종 센서로 무장하고 있기 때문에 외부를 지각하는 기능적인 면에서는 차이가 없습니다. 둘 다 사방팔방을 다 감지하며 적과 싸우기 위해서는 단순히 얼굴에 있는 눈만으로는 부족하니까요. 굳이 둘 사이의 차이를 말하자면, 건담은 눈에 달린 카메라가 두 개가 있으니 입체감을 지각할 수 있고, 자쿠는 하나이니 입체감을 지각하기 어렵다는 정도라 할까요? 건담의 기획단계에서도 이것이 문제가 되었던 모양입니다. 초기 에피소드에서 지온군의 외눈 모빌슈트가 입체감, 즉 원근감을 상실하고 움직임에 어려움을 겪는 것으로 나오는데, 후에 보정능력을 갖추는 것으로 이 문제를 해결했습니다.

외눈이 가질 수 없는 양눈의 특징 중 하나인 이 입체감은, 두 눈이 코를 사이에 두고 약간 거리가 있기 때문에 생기는 작은 차이에서 발생합니다. 이 두 눈 사이의 작은 거리가 양쪽 눈에 다른 이미지가 맺혀지게끔 하고, 각각 다른 이미지를 뇌가 받아들여 처리할 때 이미지를 겹쳐 보면서 입체감을 만들어 내기 때문이죠. 그래서 한쪽 눈을 감고 사물을 보면 입체감이 사라지고 맙니다. 약간의 시각적 이미지의 차이를 만들어낸 후 겹쳐서 입체감을 만드는 시각장치를 '스테레오스코프(stereoscope)'라고 부릅니다.

입체감을 만드는 골동품 스테레오스코프 장치
(photo by Dave Pape, 2006)

그렇다면 왜 굳이 자쿠를 외눈으로 설정해야만 했을까요? 다른 많은 로봇 애니메이션을 보면 대부분은 적이라도 주인공과 같은 양눈의 로봇인 경우가 많은데 말입니다.

여기에는 앞서도 잠시 언급했던 명확한 권선징악의 스토리에서 조금은 선과 악이 애매한 스토리로 콘텐츠의 변화가 있었던 것과 관련이 깊습니다. 건담이 태어난 것은 1979년으로 본격 로봇 만화와 애니메이션 시대의 장을 열었던 마징가 Z가 나온 후 8년이 지난 상황이었습니다. 1970년대만 해도 로봇물은 '침략자 vs 영웅'이라는 권선징악적 스토리에서 벗어나지 않았고, 과학기술의 중흥을 외치던 시대 흐름과도 맞아떨어진 덕택에 아이들도 열심히 보았으며, 부모들도 이를 말리지 않았습니다. 당시 꼬마들에게는 '로봇을 만드는 과학자'가 1순위의 워너비였으니까요.

이런 패턴의 스토리는 보는 사람도 금방 누가 나쁜 쪽인지 좋은 쪽인지 알 수 있었습니다. 침략자로 보이는 외계인이나 기계수(機械獸) 군단, 괴물 군단은 그로테스크하게 생긴 나쁜 놈이고, 여기에 맞서는 인간이나 인간이 조종하는 로봇은 멋지게 생긴 착한 존재로 쉽게 구분이 되었습니다.

마징가 Z의 적인 기계수 군단의 면면

그런데 건담 시리즈는 이런 흐름을 뒤바꾸는 일탈자로 등장합니다. 건담에서는 '나쁜 쪽, 착한 쪽'의 구별이 애매합니다. 이전에 적은 인간이 아닌 기계나 외계인, 악마, 괴물이었는데 건담에서는 연방군이든 지온군이든 모두 같은 인간입니다. 그리고 양쪽 진영 모두 자신이 정의롭다는 의지를 가지고 상대편을 적이라 규정하고 싸우고 있을 뿐입니다. 여기에는 절대 선이나 절대 악이란 개념이 드러나 있지 않습니다. 그래서 건담은 애니메이션 역사의 한 획을 긋는 '철학적 로봇 애니메이션'의 등장과 더불어 '애들한테는 어려운 애니메이션의 등장'을 의미하면서, 애니메이션의 중심 시청자가 초등학생에서 하이틴과 20, 30대까지 넓혀지는 시장 확대의 계기도 마련해준 애니메이션이 됩니다.

나쁜 쪽과 착한 쪽, 선과 악의 구분이 애매해지다 보니 건담의 스토리는 결코 권선징악이 되지 못하겠죠. 하지만 애니메이션이기 때문에 어디까지나 스토리에 주인공이 있어야 했고, 시청자들이 딱 보기에 금방 '주인공이냐 아니냐, 우리 편이냐 상대의 편이냐'를 구분할 수 있는 비주얼적인 요소가 필요했습니다. 물론 건담 조종사인 주인공 아무로가 연방군이니 주인공에 감정이입을 한다면 연방군은 우리 편이 되고 지온군은 상대편이 되는 식으로 말이죠.

자, 여기에서 완구메이커의 입김이 등장합니다. 1970년대 이후 일본의 로봇 애니메이션, 특히 TV 시리즈 애니메이션은 완구업체의 전격적인 지원 하에 제작되게 됩니다. 완구업체는 자금을 대고 협력해서 마케팅을 해주는 한편, 독점적으로 관련 완구를 판매하죠. 그래서 애니메이션 기획단계에서부터 완구업체가 개입하는 경우가 대부분이었습니다. 그런데 이렇게 스토리가 선과 악, 내 편과 네 편의 구분이 어려워지는 데다 디자인도 서로 엇비슷하다면 완구업체 입장에서는 제품의 특징을 부각시켜 소비자의 구매를 유도하기가 어렵다는 단점이 있습니다. 그래서 건담 스토리의 기획단계에서 완구업체가 이렇게 요구했답니다.

"선과 악이 애매한 스토리가 어쩔 수 없다면 지온군과 연방군의 로봇을 차별화할 수 있게 해주세요. 그리고 주인공인 건담이 좀 더 부각되고, 자쿠는 비교적 타도해야 할 적으로 느껴지게 해주세요."

이처럼 자쿠가 외눈을 가지게 된 건 산업논리가 작용했기 때문이기도 하지만, 우리의 의식 속에 숨어 있는 '외눈' 또는 '외눈박이'가 주는 상징성 때문이기도 합니다. 우리는 '외눈'하면 우선 사고나 기타 등등으로 한쪽 눈이 볼 수 없게 된 사람을 떠올립니다. 그들은 시력을 잃은 한쪽 눈에 안대를 하고 있는 경우가 대부분이고 흔히 '애꾸눈'이라고도 불립니다. 이들은 악역의 대표적인 이미지가 되기도 해서, 언제부턴가 해적 선장은 한쪽에 안대를 하고 있어야 제격이라는 이미지가 정착되었죠. 또 그들은 '메인스트림에서 일탈한 사람'이라는 이미지도 가지고 있습니다. 주류에서 일탈했다고 하니 왠지 비정상일 수도 있고, 다른 사람과 차별되는 강력한 포인트를 가지고 있는 사람일 수도 있습니다. 이러한 점이 때로는 장점이 되기도 하고 때론 단점이 되기도 합니다.

드라마에서 안대를 하고 사람의 마음을 들여다본다는 관심법 (觀心法)을 사용하던 궁예가 떠오르네요. 일본 만화에서는 〈베르세르크〉의 가츠, 〈무한의 주인〉의 만지, 애니메이션 부문에서는 〈캡틴 하록〉의 하록 선장이 대표 주자들입니다. 헐리웃 영화에선 〈어벤져스〉 시리즈에서 한쪽 눈을 안대로 가린 모습이 인상적인 쉴드의 총책임자인 닉 퓨리가 있네요.

콘텐츠에 등장하는 애꾸눈은 강한 성격에 근성도 있고 잘 죽지 않는 그야말로 다이 하드(Die Hard)적인 존재로 나옵니다. 하지만 보기와는 달리 맘이 여린 특징도 함께 갖추고 있죠. 마치 그들의 외모에서 풍기는 딱딱함은 내면의 부드러움을 감추기 위한 껍질처럼 보이기도 합니다. 그래서일까요? 안대는 그런 자신의 속마음을 들키지 않으려는 장치이기도 합니다.

사고로 한쪽 눈의 시력을 잃은 경우가 아니라, 태생적으로 눈이 하나라면 어떨까요? 그들도 악한 존재의 이미지를 가지고 있을까요? 대부분의 동물은 두 눈을 가지고 있고, 곤충의 경우에도 겹눈이라고 해도 겉으로는 두 눈을 가진 것처럼 보입니다. 생물학에서는 대칭적 구도가 동물의 기본적 조형이라고 보고 있으니, 오른쪽에 눈이 달렸다면 대칭적으로 왼쪽에도 눈이 있는 셈이죠. 그래야 가능한 한 넓은 범위의 시야를 확보해서 포식자가 왔을 때 도망을 가거나 먹잇감을 발견하기 쉬웠을 것입니다.

그러니 만약 눈이 하나만 있어야 한다면 당연히 머리의 한가운데 있어야 합니다. 하지만 그렇게 되면 시야도 좁아지고 앞서 말한 대로 스테레오스코프의 원리가 작동하지 않아 입체감 있게 세상을 지각하기 어렵습니다. 거리감이 없으면 포식자로부터 도망갈 수 없고 먹잇감을 잡기도 힘들 것이고, 결국 생존하기 어렵겠죠. 그러니 생물의 진화를 생각하면 외눈박이 생물체는 현실적으로 존재하기 힘듭니다.

그런데 돌연변이로 가끔 외눈박이 생명체가 발견되어 뉴스가 되곤 합니다. 2011년 멕시코의 해안에서 외눈박이 상어 새끼가 잡혀서 화제가 되었던 적이 있는데, 당시 '무섭다, 징그럽다'와 함께 신기한 생물에 대해 '귀엽다'란 반응도 많았습니다. 작고 하얀 모습에 애니메이션의 캐릭터와 같은 느낌을 주었기 때문이었죠. 인간도 예외는 아니어서 외눈박이로 태어나는 경우 '단안증(單眼症)'이라고 부릅니다. 두 눈 중에 하나가 없는 것이 아니라 눈이 이마 한복판에 하나만 있는데, 태아인 상태에서 생명이 지속될 수 없거나 태어나더라도 짧은 시간밖에는 생존할 수 없습니다.

하지만 우리에게 외눈박이란 생존이나 아름다움과 관련된 존재라기보다는 정상에서 많이 벗어나 있는, 즉 정상이 아닌 일탈적 존재입니다. 두 눈을 지닌 사람들에게 그들은 정상적이지 못한 존재, 상식적인 범주를 벗어난 존재로 인식됩니다. 태생적으로 정상이 아니라면, 왜 그들은 눈이 하나밖에 없는 존재여야 하는지 그 이유가 알고 싶어지겠죠. 인간은 자신이 납득할 수 없는 존재나 상황에 대해 두려움을 갖는데, 생명에 대해 많은 지식이 없던 옛날에는 외눈박이의 원인을 파악할 방법이 없었습니다.

이해할 수 없는 존재에게 인간이 바라보는 시선에는 두 방향이 있습니다. 하나는 두려움과 경외의 시선이고, 하나는 괴물과 같은 기분 나쁜 대상으로 바라보는 시선입니다. 『자연의 농담(Freaks Of Nature)』을 쓴 마크 블럼버그Mark S. Blumberg는 사람들은 괴물성에 대해 '매혹과 공포, 찬탄과 경멸, 신성화와 모독'과 같은 상반된 반응을 동시에 보인다고 말합니다.

외눈박이는 예로부터 괴물, 귀신과 같이 기분 나쁜 대상이었고, 신화, 동화, 전설과 같은 상상 속에서 인간을 놀라게 하는 역할을 맡게 되었습니다. 대표적으로 그리스 신화에 나오는 키클롭스족을 들 수 있습니다. 일본에는 요괴인 외눈박이 동자승이 유명하고 우리 전래동화에도 외눈도깨비가 등장합니다. 하지만 이런 외눈박이들은 악한 존재로 묘사되지는 않습니다.

그들은 겉모습이 정상적인 인간과 다르기 때문에 다른 세상의 존재라는 이미지를 가지게 되었을 뿐입니다. 오디세우스의 부하를 잡아먹은 키클롭스도 사람들이 자신의 영역을 침범해 마음대로 음식을 먹어치웠기 때문에 보복을 했을 뿐이지, 아무 짓도 하지 않는 사람을 먼저 공격하는 악한 존재는 아니었습니다.

외눈도깨비와 외눈박이 동자승 요괴

그러니 외눈박이는 인간과 대립적인 관계도 아니고, 그렇게 인간에게 나쁜 짓을 하는 악한 존재도 아닙니다. 그저 한 눈을 가진 조금 다른 존재일 뿐입니다. 그래서 인간과는 다른 존재이다 보니 기분이 나쁘다는 느낌이 드는 것입니다. 하지만 우리는 아름답지 않거나, 정상적이지 않거나, 다수에 속하지 않거나, 자신의 감정이나 기분과 맞지 않는 존재를 보면 악한 존재라고 인식하는 경향이 있습니다. 그리고 이런 인식은 쉽게 차별로 이어집니다.

우리는 흔히 '저 사람은 나와 다르다'라는 사실인식을 '나는 저 사람이 싫다'라는 감정으로 바꿔버립니다. 그리고 '싫다'라는 감정을 다시 '저 사람은 나쁘다'라는 가치판단으로 치환합니다. 눈앞의 존재는 그저 나와 다를 뿐이었는데도, 어느 순간 악한 존재로 바뀌어버리는 것이죠. 마지막으로 '그래서 저 사람은 없어져야 할 존재다'라는 신념으로 변화합니다. 그래서 '같다-좋다-선하다'와 '다르다-싫다-악하다'라는 식으로 간단히 세상을 둘로 나누는 이

분법이 널리 퍼집니다. 이 이분법을 우리는 차별이라 부르고, 차별은 단순한 '다름'이 '배제의 신념'으로 발전하는 자양분을 제공합니다.

외눈을 바라보는 또 다른 시선인 '경외의 시선'은 종교적인 의미를 가지고 있습니다. 인간의 이성으로 이해할 수 없다면 이성을 뛰어넘는 무엇인가가 있을 것이고, 그 무엇인가를 두려움에 대한 믿음의 영역으로 변화시킨 것이죠. 모르는 것이 생기면 그 배후에는 신과 악마와 같은 존재가 있다고 믿는 것입니다.

기형이 공포와 매력이라는 두 가지 감정을 동시에 유발하는 대상이 된 것은 우리가 지닌 기형에 대한 감수성의 문제이기도 합니다. 어떤 생물의 일반적인 모습이나 상태를 전형적인 정상으로 보기 때문에 여기에서 살짝 벗어나는 것에 대해 민감하게 반응합니다. 이에 대해 사진작가 다이앤 아버스Diane Arbus는 이렇게 말했습니다.

"당신이 거리에서 사람들과 마주칠 때 가장 눈에 띄는 것은 상대의 결점일 것이다."

그녀는 우리가 정상이라고 여기는 것에서 벗어나면 그것을 결점이라고 생각하고 쉽게 주목한다고 보았습니다. 그래서 그녀는 이런 결점을 지닌 사람들을 사진의 대상으로 삼았습니다. 그녀가 결점이라고 말한 것은 역설적으로는 다른 사람의 시선을 모으는 강력한 힘을 지녔다는 의미에서는 장점이 되기도 한다는 점을 말해주려고 말입니다.

경외의 시선으로 바라본 외눈은 다분히 종교와 신비주의적 의미를 지니고 있습니다. 영화 〈반지의 제왕〉에 나오는 사우론의 눈은 횃불과 같이 불타오르는 외눈입니다. 그 눈은 모든 것을 보는 힘을 가졌습니다. 이때 외눈이 지닌 시선은 일종의 권력을 나타냅니다. 우리가 감시자의 눈을 피해 도망쳤다고 표현하는 것은 감시자의 권력이 닿지 않는 곳으로 도망쳤다는 것과 같은 뜻입니다. 따라서 외눈이 지닌 시선은 인간을 넘어서는 다른 존재의 권력이나 힘을 의미합니다.

대표적으로는 '섭리의 눈(Eye of Providence)'이라는 이미지를 들 수 있습니다. 여기서 섭리는 기독교 섭리이며, 눈은 신의 전능한 눈을 의미합니다. 이 눈은 모든 것을 보는 신의 눈(All-Seeing Eye of God)을 뜻하며 광배와 삼위일체를 상징하는 삼각형과 같이 그려지는 경우가 많습니다. 이 외눈으로 표현된 신의 눈은 중세에서

미국 1달러 지폐와 얀 프로보스트 Jan Provost의
〈기독교적인 우의(Allégorie chrétienne, 16세기 전후 추정)〉에 그려진 섭리의 눈

르네상스기에 건립된 유럽과 러시아 등의 성당에서 많이 찾아볼 수 있으며, 프리메이슨의 상징이나 미국 1달러 지폐에도 나오는 삼각형의 눈이기도 합니다.

이집트 신화에서 나온 '호루스의 눈(Eye of Horus)'도 섭리의 눈과 유사한 의미를 지니고 있습니다. 일부에서는 섭리의 눈이 호루스의 눈에서 파생되었다고도 주장합니다. 어디선가 많이 본 것 같은 이집트의 상징과 같은 이 눈의 이미지는, '모든 것을 꿰뚫고 있는 지혜' 또는 '치유와 재생'의 상징이기도 하고 온갖 나쁜 것으로부터 보호해준다는 의미로 고대 이집트의 부적이기도 했습니다.

'호루스의 눈' 이미지 (illustration by Jeff Dahl)

자, 이제 자쿠의 이야기로 되돌아가도록 하죠. 연방군과 지온군의 싸움은 '선과 악'의 대결이 아니라 그저 서로 다른 생각을 가진 집단끼리의 싸움이라고 했습니다. 양측은 서로 다른 정의와 대의명분을 가지고 있으며 어느 쪽이 '맞다, 틀리다' 또는 '옳다, 그르다'를 가늠할 순 없습니다. 다름이 있을 뿐이지 어느 쪽도 악과 선이라는 가치판단의 대상은 아닙니다. 하지만 콘텐츠에는 스토리 전개와 캐릭터 설정이 필요합니다. 거창하게 학문적인 서사분석의 틀을 빌리지 않더라도, 스토리에는 누군가는 주인공이 되고 누군가는 주인공의 목적 달성을 방해하는 상대편이 되어야 합니다.

건담이 선이고 자쿠가 악이라는 설정이었다면 아마 캐릭터 디자이너는 마징가 Z의 적인 기계수 군단 로봇처럼 그로테스크하거나 혐오감을 주는 모습으로 자쿠를 디자인했을 것입니다. 하지만 디자이너는 그렇게 하지 않았죠. 어디까지나 '악'이 아닌 그저 '다른' 모습을 그리려고 노력한 결과의 산물이 외눈의 로봇 자쿠입니다. 자쿠의 외눈은 차별의 눈이 아닌 차이의 눈일 뿐입니다.

자쿠의 외눈이 모든 것을 보는 외경의 의미로의 외눈은 아닙니다. 하지만 분명히 연방군의 입장에서 보면 두려운 존재로서의 외눈임에는 틀림없었을 겁니다. 외눈에 대한 두려움은 신이 아닌 적의 로봇을 통해서도 고스란히 전해졌을 테고요. 자쿠는 주인공인 건담이 멋진 색의 옷을 입고 화려한 디자인에 번쩍이는 두 눈을 가지고 종횡무진 활약하며 스포트라이트를 받고 있을 때, 음지에서 적에게 두려움을 주는 존재로 자신의 역할을 묵묵히 수행하고 있었습니다. 건담 팬 중에 자쿠 마니아가 있을 정도로 인기가 있다는 것은 이런 그의 모습에 반했기 때문은 아닐까요?

로봇탑승에
덧대어 있는
시대정신을
바라보는
시선

이왕 로봇 이야기가 나왔으니 이런 이상한 질문을
해보는 건 어떨까요?

'왜 마징가 Z의 쇠돌이는 머리 속으로 파일더 온을 했을까?'

어린 시절 저녁밥도 잊게 만들 정도로 심취했었던 마징가 Z. 애
니메이션을 보면서 가장 기억에 남는 건, '로켓 주먹은 언제 다시
돌아오나' 하는 고민도 아니고, '왜 바보처럼 마징가 Z는 적 기지
를 알아내서 소탕할 생각은 안 할까'도 아니고, 바로 바로 '파일더
온!'하며 쇠돌이가 탄 호버 파일더가 머리통에 도킹하면 눈이 번

쩍하는 장면이었습니다. '와우!' 하는 감탄사가 저절로 나오는 정말 멋진 장면이었죠. 전투 미소녀가 나오는 애니메이션이라면 이제 멋진 몸으로 변신해 싸움을 시작하는 변신 장면과 같다고나 할까요.

그런데 세월이 지난 후, 건담을 보다가 그 건담이 지닌 철학적인 무게감은 좋은데 뭔가 2퍼센트 부족하단 생각이 들었습니다. 선악 구분 없는 인간의 신념적 차이의 충돌이나, 전체 시스템에 휘둘려 개인의 개성이 상실되고 상부 권력에 의해 하나의 부품으로 인간이 취급된다는 등의 철학적 함의도 건담의 매력이긴 하지만, 이 매력을 고려하더라도 뭔가 좀 더 채워졌으면 하는 느낌 말입니다. '그게 뭐지? 뭐지?' 하다가 생각이 났습니다. 그래! '파일더 온!'

건담은 로봇에 탑승하는 방식이 매가리가 없던 것이죠. 건담 시리즈에서 대부분 로봇은 조종사가 로봇의 가슴 부분을 통해 탑승하게 되어 있습니다. 뭐, 정확히 말하면 건담에 나오는 로봇은 '모빌 슈트(mobile suit)'란 명칭으로 불리니 전차나 장갑차와 같은 일종의 병기로 보는 편이 맞습니다. 그러니 자동차 운전석이 차의 중앙 부분에 있듯이 로봇의 중앙 부분인 가슴으로 탑승하는 게 어쩌면 당연할 지도 모르죠. 하지만 중앙 부분이라면 에반게리온의 로봇처럼 등 쪽으로 탑승해도 상관없을 터. 에반게리온에서는 로봇 등 쪽으로 '엔트리 플러그'라는 원통형의 콕핏(cockpit)을 타고 들어가는데, 이것 역시 마징가 Z의 탑승 방식만큼의 임팩트는 없어 보이네요. '건담은 가슴, 에반게리온은 등, 그런데 왜 마징가 Z

는 머리였지?'라는 삐딱한 의문에 답을 찾아가기 위해서는 무엇보다도 로봇의 조종방식에 대한 시대적 변천사를 살짝 살펴봐야 합니다.

우선 1세대인 거대로봇 애니메이션의 선조 〈철인 28호〉부터 살펴보죠. 철인 28호는 조종사가 로봇에 탑승하는 방식이 아니라, 특수 리모컨으로 외부에서 로봇을 조종하도록 되어 있습니다. 요즘의 RC(remote control) 방식인 셈이죠. 이런 로봇 조종 방식을 편의상 '외부 조종형'이라고 부르도록 합시다. 외부 조종형의 조종사는 한참 싸우고 있는 로봇과는 거리를 두고 안전하게 조종을 한다는 이점이 있습니다. 로봇이 아무리 부서지거나 데미지를 입어도 '젠장! 수리비가 좀 들겠군' 정도로 그치고, 조종사 자신이 다치거나 아픔을 느끼진 않습니다. 〈철인 28호〉의 원작 만화가 1956년에 나왔으니, 당시를 생각해보면 외부에서 조종하는 로봇은 어쩌면 획기적인 발상이었을지도 모르겠네요.

특수 리모콘이라고 해도 그저 달랑 막대 두 개 달린 검은 박스일 뿐.

특수 리모콘을 들고 있는 조종사 쇼타로와 철인 28호

2세대 조종 방식은 〈마징가 Z〉처럼 머리 쪽으로 탈것을 타고 들어가는 방식입니다. 마징가 Z가 나온 1972년 이후에는 한동안 이런 탑승방식의 로봇이 유행했습니다. 애니메이션 시청자인 아이들에게 이런 방식은 '역시 뭐든 머리통(뇌)이 중요해!'라는 인상을 강하게 남겼습니다. 원작자인 나가이 고永井豪는 '자동차처럼 간단히 조종하는 로봇이면 어떨까?'라는 생각으로 마징가 Z를 만들어냈다고 하네요. 그러고 보니 자동차 계기판을 보면서 레버, 버튼, 핸들을 조작하는 것과 로봇의 조종 방식이 크게 다르지 않습니다.

이런 방식은 대단히 기술지향적 발상이라 할 수 있습니다. 하나의 발전된 기술이 사회에 존재할 때, 그 기술을 다른 면에 적용하여 발전을 도모한다는 발상입니다. 국내에는 아직 자동차 붐이 일기 전이었지만, 선진국에서 자동차 문화가 정착되기 시작한 시기였으니 충분히 그런 발상이 가능했을 것입니다.

3세대 조종 방식은 1979년에 등장한 〈기동전사 건담〉의 방식으로, 가슴 부분을 중심으로 몸통으로 조종사가 들어가서 조종석에 앉거나 서서 조종을 합니다. 조종사는 조종석에 있기 때문에 전투 중에 데미지를 느끼거나 하지 않는 건 마징가 Z와 같지만, 차이는 '탑승 위치와 별도의 탈 것을 이용하느냐 마느냐'입니다. 마징가 Z와 건담은 철인 28호와는 달리 '내부 조종형' 로봇인 셈인데, 조종사는 로봇이 데미지를 받는 만큼 그대로 아픔을 느끼지는 않지만 외부 조종형에 비해 조종사의 신변 위험도가 증가해서 만일 로봇이 완전 파괴되거나 더 이상 조종석을 지켜주지 못한다면 생명을 보장할 수 없습니다. 자동차가 튼튼한 차체로 어느 정도의 충격은 막아주지만 큰 사고가 발생하면 운전자가 사망할 수도 있는 것과 같은 이치죠.

4세대 조종 방식은 1995년 세상을 놀라게 한 〈에반게리온〉처럼 조종사의 움직임뿐만 아니라 조종사의 생각과 감정이 로봇에 전달되고, 로봇의 데미지를 고스란히 조종사가 아픔으로 느끼는 방식입니다. 내부 조종형에서 진화한 일종의 '조종사-로봇 일체형'인 셈인데, 조종사의 운동능력과 감각능력이 그대로 로봇의 능력으로 연결됩니다. 뇌와 신경, 근육이 연결되었다고 보면 되겠네요. 따라서 실제로 맨몸으로 싸우는 능력이 뛰어나거나, 빠른 두뇌 회전으로 상황을 잘 파악하고 적절한 판단을 내리는 조종사가 유리합니다. 이 일체형 탑승방식은 조종사와 로봇이 공동운명체가 됩니다. 로봇이 작은 데미지를 받아도 조종사는 아픔을 느끼고, 신체에 전해진 충격에 의해 몸이 마비되거나 능력을 상실할 수 있습니다. 하지만 위험도가 큰 만큼, 조종사의 작은 움직임이나 생각을 그대로 로봇의 움직임으로 바꿀 수 있어 로봇의 동작성과 조종의 편의성이라는 점에서는 가장 좋은 방식이라 할 수 있습니다.

1956년 철인 28호, 1972년 마징가 Z, 1979년 건담, 1995년 에반게리온을 중심으로 세대를 나누어서 탑승과 조종 방식을 살펴보니, 이 네 방식이 차례로 등장했다는 걸 알 수 있습니다. 그리고 각각의 로봇들은 모두 로봇 만화나 애니메이션 역사에 한 획을 그은 녀석들입니다. 그렇다면 아마도 시대 분위기를 반영하면서 많은 사람에게 영향을 끼쳤을 겁니다. 왜냐고요? 우리가 콘텐츠라 부르는 것은 사회 전반의 문화를 반영하고, 또 그 문화에 영향을 미치는 것이니까요.

〈철인 28호〉가 등장한 시기는 제2차 세계대전이 끝나고 그동안 발전해온 과학기술로 인간이 행복해질 수 있다고 생각했던 시기와 맞물립니다. 힘들고 슬픈 불행의 시간이 끝나고 모두 희망과 기대를 가지고 있던 시기였습니다. 이를 위해 파괴된 도시와 시설을 다시 재건하는 것과 동시에 길을 닦고 도시를 확충하고 공장을 만들어 이제부터 시작될 풍요로움의 기반을 다지는 시기였습니다. 과학기술의 발달로 생활이 크게 달라질 수 있다는 것을 확인한 인간에게는 모든 분야에 과학기술을 입혀 발전시키고자 하는 기계론적 세계관이 팽배해 있었죠.

인간은 자신이 만들어낸 기계와 건물, 도로와 도시 등이 변화하는 모습을 바라보면서 신에 가까운 창조자의 기분을 느낄 수 있었습니다. 이에 따라 신의 영역이라고 여겨졌던 산이나 강 같은 자연 환경은 우리가 개발하고 변화시켜 풍요로운 생활에 도움을 주는 것으로 만들어야 한다는 생각이 널리 퍼지게 되죠. 이에 발맞춰 날씨, 기온, 지진, 장마 등을 측정하고 예측하고 통제하려는 노력도 서서히 성과를 보이고 있었습니다. 자연은 보호의 대상이 아니라 어디까지나 개발과 관리의 대상, 변화의 대상이었고, 인간의 명령에 따라 운명이 결정되는 객체였을 뿐이었죠. 또한, 이 시기에는 사람의 마음도 사물이나 자연처럼 관리하고 예측하고 통제할 수 있는 과학의 대상이라는 생각이 점차 확산되었습니다. 인간관계도 물론 예외는 아니었죠.

이런 상황에서 기술, 기계, 로봇을 바라보는 시선은 말할 필요도 없었습니다. 그것들은 그 자체로 가치가 있는 것이 아니라, 인간에 의해 관리되고 인간 세계에 도움이 되어야 비로소 존재의 가치가 매겨졌습니다. 당연히 모든 기계적 장치는 인간 입장에서 보자면 그저 명령을 받는 종속적인 '물건' 그 이상, 그 이하도 아니었죠. 그게 1950년대와 1960년대의 지배적인 시대 인식이었습니다.

이런 시대적 배경에서 탄생한 철인 28호는 주인의 말을 충실히 따르고 움직이는, 복종적인 대상일 뿐입니다. 그러니 누가 리모컨을 소유하느냐에 따라 철인 28호는 악당도 천사도 될 수 있었던 거고요. 이런 로봇은 꼭 그 로봇일 필요는 없습니다. 충분히 다른 로봇과 대체 가능한 하나의 기계일 뿐이겠죠. 그러다 보니 조종사는 외부에서 로봇을 조종하는 방식을 택했다고 볼 수 있습니다.

1960년대의 물질적 풍요가 꽃을 피우기 시작하는 시대를 지나 1970년대로 들어오면서 사람들은 과학기술의 힘을 숭배하는 지경에 이릅니다. 과학기술 만능의 시대가 도래한 것이죠. 과학기술이 행복을 가져다줄 것이라 기대하던 시대에서, 과학기술이 만들어낸 물건으로 실제로 행복을 체험하는 시대로 이행했던 것이죠. 자연스럽게 개인적으로나 사회적으로도 행복은 과학과 기술이 보장해줄 거라는 강한 믿음이 정착되었고, 그 믿음의 강도만큼 과학기술도 성큼성큼 발전해나가던 시기입니다.

쇠돌이가 마징가 Z 머리를 지배하는 1970년대 초반은 과학과 기술이 이성의 산물이라고 보는 시대였습니다. 인간이 충분히 이성적으로 행동하고 발전시킨다면 미래는 장밋빛이며 한없는 성장이 가능할 수 있다는 믿음도 커져갔죠. 하지만 이 믿음이 계속될 순 없었습니다. 1970년대 후반에 들어서면서, 차갑고 딱딱하고 획일적인 면을 지닌 20세기의 이성중심주의는 위기를 맞습니다. 환경문제, 여성문제 등이 세계 각지에서 터져 나왔고, 포스트모더니즘이라는 시대 흐름이 사회 전반에 정착되었습니다. 그리고 이전 시대에 대한 반성과 변화의 요구가 강해졌습니다. 이런 변화의 중심에는 이성보다 감성과 감각을 중시하고, 권위주의에서 탈권위위를 이야기하고, 합리적이지 못한 인간의 심리와 행동 등에 초점을 맞추는 탈합리주의에 주목하는 흐름이 자리하고 있었죠.

〈건담〉은 바로 포스트모더니즘이 막 확산되는 시기에 만들어졌습니다. 당시 일본을 포함한 선진국의 예술가들은 포스트모더니즘에 매료되어 영화, 연극, 소설, 건축 등 다양한 방면에서 자신들의 생각을 표현하고 있었습니다. 건담이 이전 시대정신을 거부하고 새로운 시대정신을 받아들이려 했다는 것은 감독 토미노 요시유키富野由悠季의 인터뷰에서도 알 수 있습니다.

"기존의 사회 시스템과 인간의 관계를 부수고 다시 생각하고 싶었다."

그 결과 건담은 로봇을 탄 조종사에게 고민하는 역할을 하도록 강요합니다. '나는 왜 싸워야 하나?', '적은 왜 나에게는 적이 되어야 하는가?'라는 조금은 철학적인 물음에 조종사는 제대로 대답을 하지 못하고 힘들어하죠. 이전 같으면 이런 고민이 필요 없었습니다. '적으로 사회가 규정한 것'과 싸우는 것에 의문을 가질 필요는 없었으니까요. 하지만 이제 개인과 사회라는 시스템에 대한 사리판단이 분명하고 합리적이지 않을 수 있다고 가정해보죠. 그러면 조종사 입장에서는 눈앞의 적은 적이 아닐 수 있고, 조종사는 무고한 사람을 죽이는 살인자가 될 수도 있습니다. 이런 조종사의 마음과 생각은 차가운 금속 덩어리인 건담을 통해서 그대로 표현됩니다. 건담은 그야말로 조종사가 입는 옷(suit)이기 때문이죠.

제2차 세계대전 이후 상품은 쓰임새 때문이 아니라 다른 사람에게 '나는 이런 사람이다'를 보여주는 용도로 소비되고 있다고 역설한 프랑스 사회학자 장 보드리야르Jean Baudrillard. 굳이 그의 명저 『소비의 사회』의 문구를 인용하지 않더라도, 인간이 가장 오랫동안 자신을 드러내기 위해 소비한 상품의 핵심은 패션이었습니다. 따라서 옷의 역할을 하는 로봇은 조종사의 정체성을 그대로 표현하는 도구가 되어야 했죠. 이성중심주의를 거부하면서 나타난 감성과 감각의 중시는, 인간의 몸에 비유하자면 이성을 관장하는 머리가 아니라 감성을 관장하는 심장(가슴)이 더 중요하다는 메시지를 던지게 됩니다. 그러니 쇠돌이가 이성의 근원지인 머리(뇌)를 지배하는 조종사라면, 건담은 감성의 근원지인 가슴(심장, 마음)을 지배하는 조종사여야 했습니다. 마음과 심장의 영어가 'heart'로 같고, 우리는 마음에 상처를 받았을 때 '가슴이 아프다'라고 표현하지 '머리가 아프다'라고 표현하지 않습니다. 그래서 건담의 조종사는 가슴에 자리합니다. 건담의 마음을, 가슴을, 심장을 지배해야 했으니까요.

자, 이제 로봇은 철인 28호처럼 아무나 리모컨을 손에 넣으면 마음대로 움직일 수 있는 대상이 되어서는 안 됩니다. 마음이 맞아야 합니다. 또한 단순히 이성을 중시하며 기계론적으로 접근하는 사물도 아닙니다. 로봇은 나(조종사)의 한 부분이며, 나를 표현하는 대상이며, 점차 나와 밀접한 관계를 지니고 떼려야 뗄 수 없는 대상이 되었죠. 이렇게 되면 로봇을 '그저 금속 덩어리의 사물로 볼 것이냐, 인간과 커뮤니케이션하는 관계를 지닌 의인화된 인격체로 볼 것이냐'의 문제가 발생합니다. 건담에 등장하여 고철로 산화하는 많은 로봇들도 옷, 그것도 대량생산되는 규격품이자 기성품에 불과하다고 보면 누가 입더라도 큰 문제가 되지 않을 것입니다. 하지만 건담 시리즈에서 주인공들이 탑승하는 로봇은 '전용기'라 하여 조종자가 정해져 있었습니다. 마징가 Z와 쇠돌이 이후 일종의 짝짓기처럼 '선택된 조종사만 조종할 수 있는 로봇'이라는 암묵적인 전제가 숨어 있었던 것이죠.

이런 점에서 〈에반게리온〉은 드러내놓고 '선택된 조종사와 로봇'의 운명공동체적 관계를 보여줍니다. 완벽한 짝짓기가 이루어지면, 둘 중 누군가가 움직이지 못하거나 사라지면 남은 하나도 자신의 존재 가치와 정체성을 잃어버리게 되는 셈이죠. 주인공 신지가 아니면 에바 초호기를 조종할 수 없다는 건 완전한 일체를 통해야만 대상이 움직인다는 뜻이고, 내가 그가 되고 그가 내가 되어야 하는 과정을 보여줍니다. 그래서 신지가 일방적으로 초호기를 조종하는 게 아니라 마치 신지와 초호기가 일심동체가 되어 작전을 수행하고 있다는 느낌마저 들게 합니다. 하지만 많은 로봇 애니메이션 팬들은 여전히 마징가 Z의 머리를 도킹하면서 쇠돌이가 외치던 '파일더 온!'의 그 멋진 씬을 그리워합니다. 그리고 다시 돌아오길 바라죠. 뭐 그럴 가능성이 전혀 없는 것도 아닙니다.

바야흐로 지금은 신경과학(Neuroscience)과 뇌과학(Brain Science)의 전성시대가 아니던가요. 이성이든 감성이든, 마음이든 생각이든 모두 뇌가 관장한다는 것이 속속들이 밝혀지고 있는 시대. 그러니 가슴이니 등이니 일체화니 이딴 거 따지지 말고, 다시 로봇의 머리로 멋지게 들어가서 눈이 번쩍 빛나는 그런 장면이 나오기를 기대해봅니다.

PART 03

발칙한
욕망

> 욕구라는 단어가 있습니다.
> 그리고 욕망이란 단어가 있습니다.
> 이 비슷하고도 다를 것 같은 두 단어는
> 어떤 차이가 있을까요?

　　정신분석학의 시조인 프로이트Sigmund Freud에 따르면 '욕구'란 순수하게 생물학적 차원에서 무언가의 결여를 충족시키고자 하는 생리적 요구인 반면에, '욕망'은 욕구의 충족 체험이 어떤 지각이나 기억과 결부되어 있던 것에 의해 다시 욕구가 생겼을 때 이에 대한 지각상을 재현시키고자 하는 마음의 활동이라고 합니다. 역시 난해한 문장을 즐겨 사용했던 학자다운 표현이네요.

　　그냥 쉽게 말하자면 욕구는 육체에서 오는 요구이고, 욕망은 마음에서 오는 요구라고 보면 됩니다. 그래서 욕구는 우리의 생존과 종족번식의 본능을 채워주는 것이고, 욕망은 그 이외에 군이 생존과 종족번식이 아니어도 생기는 것이라는 거죠. 배고프면 눈앞의 음식을 먹고 배가 부르면 먹지 않습니다. 하지만 우리는 배가 불러도 조금 더 먹고 싶고, 더 맛있는 것을 먹고 싶어 합니다. 욕구는 충족시킬 수 있지만, 욕망은 충족에 한계가 없습니다. 우리에게 '더! 더! 더!'를 외치게 만드니까요.

> 그런데 인류의 발달사를 살펴보면
> 욕구보다는 욕망이 고삐를 쥐고 우리들을
> 이리저리 휘두르며 지금의 자리에까지
> 오게 했다는 생각이 듭니다.

'더 빨리, 더 많이, 더 멋지게, 더 편하게, 더 자극적으로, 더 맛있게, 더 높이, 더 멀리, 더 똑똑하게' 우리들은 모든 환경을 변화시키고 기술을 발전시키고 우리 자신을 바꿔왔습니다. 욕구 충족을 통해 새로운 욕망이 고개를 내밀지 않았다면 지금 손에 들고 있는 스마트폰의 등장은 기대할 수 없었을 테죠.

일부에서는 인간이 자유로워지기 위해 욕망을 끊어야 한다고 조언합니다. 대부분의 종교에서도 같은 이야기를 합니다. 몇 천 년을 계속해서 말입니다. 하지만 잘 생각하면 이 조언은 이루어질 수 없을지도 모릅니다. 욕망이 없었다면 배움도, 깨달음도, 종교도 없었을 겁니다. 더 나은 자신, 완벽한 자신, 인간 존재로의 자신을 추구하는 것도 결국은 일종의 욕망이니까요. 게다가 지금까지 오랫동안 그 많은 훌륭한 말씀들이 결국 잘 통하지 않았다는 건, 어쩌면 우리에게 욕망이 없다면 인간의 존재 자체가 사라지는 위험성이 있어서일지도 모릅니다.

그래서일까요? 욕구라는 단어는 그렇게까지 부정적인 느낌이 들지 않습니다. 그저 인간에게 당연히 필요한 부분이라는 느낌입니다. 반면에 욕망은 어딘지 모르게 끈적끈적하고, 들떠있고, 음습하고, 보이지 않는 데에서나 이야기해야 할 것 같은 느낌입니다. 그래서 욕망은 부끄러운 것이고, 떳떳하지 못한 것이기 때문에 밖으로 드러내기보다는 숨겨야 하는 것이라고 생각합니다. 이 때문에 많은 사람 앞에서, 아니 단 둘이 있을 때에도 자신의 욕망을 이야기하는 사람을 만나게 되면 우리는 당황하게 됩니다. 그 당돌함과 발칙함에 당황하게 되는 것은 그 이야기가 낯설거나 과격해서가 아닙니다. 우리 자신도 그 욕망을 가지고 있다는 사실을 깨닫게 해주기 때문입니다. 사회적으로 금지된 그것을 말이죠.

정신분석학자이자 철학자인
자크 라캉Jacques Lacan은 금지는 욕망을
만들어낸다고 보았습니다.

사회가 무언가를 금지하면 우리는 그 금지를 통해 새로운 욕망을 무한히 만들어낸다는 거죠. '네 이웃의 아내를 탐하지 말라'는 금지의 법이 만들어지면 이웃의 아내는 그때까지 몰랐던 쾌락을 감춘 대상, 접근할 수 없는 신비의 대상이 되어 치명적인 욕망을 불러일으키게 합니다. 그는 우리의 문화는 욕망을 금지하지만 바로 그 금지 때문에 더욱 욕망은 강해진다고 보았습니다. 이렇게 보면 욕망은 어쩌면 반사회적, 반문화적인 놈이네요. 사회와 문화가 이렇게 해야 하고 이렇게 하면 안 된다고 규정해 놓은 것에 대해 호시탐탐 기회를 노리고 있는 하이에나처럼 말이죠.

자, 이 대목에서 콘텐츠가 등장합니다. 입에서 입으로 전달되어 오던 구전 동화나 신화와 같은 콘텐츠도 시작은 금지된 것에 대한 욕망을 담은 이야기였습니다. 어차피 허구라는 점이나 신들의 행위라는 핑계를 대면서 존속살인, 근친상간, 절도, 사기, 불륜이 난무합니다. 이런 터부나 범죄와 관련된 반인륜적인 욕망이 아니라 하더라도, 대놓고 드러내기 어려운 욕망들이 듬뿍 담겨 있었죠. 현대에 와서 그 정도가 더 심해졌을 뿐입니다. 인류의 문화가 진화해오는 과정에서 콘텐츠도 욕망을 표현하는 방법과 정도를 함께 진화시킨 덕입니다. 게다가 허구라는 이름을 빌린 콘텐츠가 아니어도 뉴스에는 매일매일 차고 넘치는 욕망의 이야기가 등장합니다. 오히려 기존의 콘텐츠가 지닌 허구성을 비웃기나 하듯이 말입니다.

그래서 이제는 영화, 애니메이션, 소설, 만화, 노래, TV 드라마 등의 콘텐츠는 은근한 욕망을 숨겨서 표현하지 않습니다. 독자나 시청자들에게 직접적으로 드러내 보이면서 이렇게 말하죠.

> "당신은 스스로 이런 욕망이 있는지
> 잘 모르겠다고 우기는데,
> 그럼 한번 내가 보여줄게.
> 그러면 아마 좀 더 자신에 대해
> 더 잘 알 수 있을 걸?"

그래서 파 들어가 봅니다. 콘텐츠에 숨겨진, 콘텐츠를 접하는 우리의 마음에 숨겨진 그 욕망에 대해서 말이죠.

아름다움의
욕망,
죽음을
두려워 않는
백설공주

백마 탄 변태 왕자의 이야기, 아니 공주님이 등장하는 동화에는 각각의 캐릭터마다 나름의 욕망이 담겨져 있습니다. 한 예로 백설공주는 아름다움을 추구하는 욕망이 누구보다 강합니다. 자신을 죽이려고 했던 왕비보다 더 강할지도 모르죠. 그림 동화 원작에서 백설공주를 죽이기 위해 왕비는 난쟁이 집에 세 번이나 찾아옵니다. 첫 번째는 레이스 띠를 파는 노파로, 두 번째는 빗을 파는 노파로, 세 번째는 우리가 잘 아는 과일장수 노파로 말이죠.

절대 문을 열어주지 말라는 난쟁이들의 말을 귓전으로 흘러들었는지 아니면 아름다워지고 싶은 욕망에 눈이 멀었는지, 백설공주는 '허리를 날씬하게 졸라매는 레이스 띠'라는 노파의 말에 냉큼 문을 열어줍니다. 노파는 레이스 띠를 뒤에서 묶어주는 척하면서 숨이 막히게 졸라매어 백설공주를 쓰러뜨리죠. 그런데 이 레이스 띠라고 하는 물건, 사실은 가슴, 허리, 엉덩이의 윤곽을 도드라지게 보이기 위해 여성들이 입는 속옷인 코르셋(corset)입니다.

그런데 말입니다, 여기 흥미로운 점이 있습니다. 진실을 말하는 거울이 왕비가 아니라 백설공주를 가장 아름다운 여성으로 말하기 시작한 것이 바로 그녀의 나이 7살 때의 일이었고, 얼마 후 왕비는 공주를 죽이려고 한 것입니다. 그러니 아무리 왕비가 잠시 인내의 시간을 보냈다 해도 백설공주가 난쟁이 집에서 살게 된 것은 10살 전후였을 겁니다. 이 나이 또래면 성장이 빠른 현대 소녀들이라 해도 아직 여성적 몸매를 지니기에는 이른 시기입니다. 그런데 성장이 다소 느렸을 것이라 예상되는 18세기에 가슴, 허리, 엉덩이를 강조하는, 결국 성숙된 여성의 미를 강조하는 물건에 마음을 뺏겨 죽음의 위험을 무릅쓰고 문을 열어주다니요! 백설공주, 자신은 이미 세상에서 제일 예쁜 여자임에도 불구하고 더 아름답게 보이려는 욕망을 이기지 못합니다. 그런데 그 욕망은 한 번의 실수에도 사그라지지 않았나 보네요.

레이스 띠로 공주를 죽이는 데 실패한 왕비는 빗 장수로 변장해 다시 나타납니다. 그리곤 독을 묻힌 빗을 보여주죠. 백설공주는 빗을 보고 마음이 뺏겨 또 문을 열어주고, 노파가 공주의 머리를 빗어주자 독이 퍼져 공주는 정신을 잃고 맙니다. 어떤 마음에서 또 미용도구에 마음이 뺏겨 문을 열어주었는지 묻고 싶을 정도입니다. 죽음의 두려움보다도 아름다움의 욕망이 더 크지 않았다면 할 수 없는 일 아닐까요? 백설공주가 이렇게 아름다움에 매달린 건 우리의 DNA 안에는 아름다움에 대한 편견이 존재하기 때문일지도 모릅니다. 기원전 600년에 그리스 여류시인 사포Sappho가 한 말은 이를 극단적으로 표현한 것입니다.

"예쁘면 다 착하다."

심리학자인 카렌 디온Karen Dion과 엘렌 베르샤이트Ellen Berscheid는 사포의 말 그대로 "예쁘면 다 착하다(What is Beautiful is Good)"라는 제목의 연구를 발표했습니다. 60명의 학생들을 대상으로 사진 속 인물들의 개성에 대해 각자의 느낌을 표현하게 했을 때 잘 생긴 사람일수록 능력 있고 성격이 좋을 것 같다는 답이 나온 거죠. 그들은 이런 현상을 할로 효과(Halo Effect)라고 이름 붙였죠. 어떤 사람이 가지고 있는 두드러진 특성으로 인해서, 실제로는 이와 전혀 관련이 없는 다른 특성을 좋거나 나쁘게 평가하는 것을 의미합니다.

아름다움을 긍정적으로 보는 일종의 사회적 편견에 대한 연구는 그 후로도 계속되어 왔습니다. 대학생들에게 여고생들의 작문을 채점하게 했을 때 사진을 보여주면 평균점이 올라가기도 내려가기도 했습니다. 선생님들의 학생평가와 법원의 판결을 분석한 결과에서도 외모에 따라 성적과 판결 결과에 차이가 있었고요.

그렇습니다. 아름다움은 재능이기도 하고 권력이기도 합니다. 아름다움은 사람을 움직일 수도 있고, 자신에게 유리하게 환경을 변화시키고, 자존감과 자긍심을 고양시켜 적극적이고 활력 있는 인생을 보낼 수 있게 하는 분명한 요인입니다. 그리고 이런 사실을 우리는 아주 어린 시절, 즉 태어났을 때부터 생득적으로 알고 있었나 봅니다. 1998년 앨런 슬레이터Alan Slater와 동료들은 태어난 지 14시간에서 6일이 된 아기들에게 매력적인 여자 사진과 그렇지 않은 여자 사진을 양쪽에 보여주었고, 그 결과 아기들은 시간의 3분의 2 정도를 매력적인 얼굴을 보는 데 사용한다는 연구 결과를 발표했습니다.

우리가 처음 보는 얼굴이 아름다운지 아닌지를 판단하는 데에는 겨우 0.15초밖에 걸리지 않는다고 합니다. 1초도 안 되는 사이에 판단한다는 거죠. '정말 인간이 그렇게 단순한 거야? 좀 더 이것저것 따져봐야 하는 거 아냐?'라는 생각도 들지만, 아름다움을 연구해온 사람들은 이런 빠른 판단은 인간이 진화의 과정에서 습득한 것이라고 합니다. '아름다운 상대는 나에게 적이 아니며 편안과 이득을 준다'라는 과정을 수도 없이 반복적으로 경험하면서 얻은 결과라고 말입니다. 그러고 보면 예쁘고 잘생긴 사기꾼에게 속아 넘어가는 뉴스는 어쩌면 인간 진화의 부작용이라고 보면 되겠네요. 아름다움의 힘이 이렇게 강하니 왕비와 백설공주 모두가 리스크를 감수하면서까지 이를 추구했다는 게 이해가 갑니다.

아, 앞선 두 번의 실패로 왕비가 배운 것이 하나 있습니다. 백설공주는 유혹에 약하다는 점이죠. 그래서 마지막은 그녀의 욕망이 아닌 확실한 유혹물을 가지고 찾아갑니다. 세상에서 가장 강력한 유혹물. 신의 말도 거스르게끔 만든 뱀의 유혹물. 빨갛고 탐스러운 사과는 욕망의 상징물입니다. 자신이 가진 아름다움에 만족하지 못하고 더 큰 아름다움에 대한 욕망으로 화를 자초했던 백설공주. 그런데 동화 속 캐릭터 중에 이런 지독하고 발칙한 욕망에 사로잡혀 있던 사람이 또 있습니다. 바로 신데렐라의 왕자님입니다.

800년의 욕망, 작은 발의 신데렐라

신데렐라가 남겨놓은 구두를 들고서는 경탄의 눈으로 바라보는 왕자. 왕자는 말합니다. "이 구두에 꼭 맞는 발을 가진 처녀만이 내 아내가 될 수 있다"고요. 그런데 잠깐만요. 구두가게에 가서 자기 발에 맞는 구두를 샀다고 하죠. 그러면 사실 발 크기가 비슷한 사람들도 그 구두를 신을 수 있지 않을까요? 그럼 신데렐라의 구두도 비슷한 크기의 발을 가진 여자라면 꼭 맞을 확률이 있었을 텐데, 왜 왕자는 이런 위험한 발언을 했던 걸까요? 이 물음에 답을 하다 보면 뭔가 숨겨진 이야기가 나올 것 같네요.

시대를 현대로 조명해서, 왕자의 나라에 무도회에 올만한 나이 또래의 여성이 천여 명 살고 있다고 합시다. 그리고 그 나라에서는 사이즈가 210~260mm 사이즈의 여성 구두를 판매하고 있습니다. 신데렐라가 이러한 사이즈에 해당하는 구두를 신고 왔다고 하면 아마 적어도 10명의 여성은 이 구두가 꼭 맞는 임자가 되겠죠. 그렇다면 결국 신데렐라의 구두는 사람들이 예상하는 여성의 발 사이즈의 구두가 아닌, 엄청 작거나 엄청 크거나 해서 그 나라에서는 그 누구도 그 구두에 딱 맞는 발을 갖고 있지 않아야 합니다.

일단 신데렐라의 발이 엄청 커서 구두도 초특대 사이즈라 어떤 여성의 발에도 맞지 않을 수 있습니다. 하지만 생각해보세요. 소도둑놈 발처럼 큰 발, 여성으로서는 거의 찾아볼 수 없는 큰 발의 여성을 과연 그 시대에 아름다움 여성이라고 했을까요? 게다가 그 큰 구두를 들고 왕자가 '꼭 내 아내로 맞이해야지'라는 생각이 들었을까요? 아니었을 겁니다. 원작인 그림동화을 보더라도 구두에 발을 집어넣기 위해 두 언니는 발가락을 자르고 발뒤꿈치를 잘라 구두 한가득 피가 넘쳐흘렀다고 묘사되어 있습니다. 아마 두 언니의 발은 보통 사이즈였을 겁니다. 신데렐라의 구두는 너무 작아서 나라 안의 어떤 여성도 신을 수 없었던 것뿐인 거죠. 그걸 알았기 때문에 왕자는 시종을 시켜 모든 처녀들에게 구두를 신겨보라고 자신 있게 말했을 것이고요. 그렇게 생각하니 이 왕자, 제법 눈썰미가 있는 친구란 생각이 드네요.

그림동화이든 페로동화이든 아니면 디즈니의 애니메이션이든, 구두를 통해 그녀를 찾아낸다는 점은 동일합니다. 그리고 다른 여성에게는 안 맞을 만큼 작은 발의 주인인 것도 틀림없습니다. 그

역시 심하게 작은 발. 이런 발로 걸을 수나 있을까?

귀스타브 도레Gustave Dore의 <샹드리옹(Cendrillon)> 삽화, 19세기 후반 추정

럼 왜 굳이 신데렐라의 동화는 작은 발의 주인공을 찾아내는 게 포인트가 된 것일까요?

'작은 발'이라면 자연스레 떠오르는 전족을 따라서 잠시 중국으로 공간이동을 해보도록 하죠. 전족은 여성들의 발을 최대한 작게 만들기 위해서 다섯 살 정도의 어린 소녀의 짧은 발가락 네 개를 발바닥 쪽으로 구부려 폭 5cm, 길이 3m의 끈으로 묶어 성인이 되어도 발 길이가 10cm 정도밖에 안 되도록 하는 풍습을 말합니다.

전족으로 소녀들은 일도 할 수 없었고, 몸의 균형을 잡기도 어려웠으며, 하인의 도움이나 막대에 의지해서만 겨우 걸을 수 있었습니다. 버드나무 걸음걸이로 알려진 전족 여인의 걸음은 가장 아름다운 걸음으로 칭송되었습니다. 이런 전족의 유래는 11세기 타키 여왕이 작고 비틀린 발로 태어났을 때, 미래의 여왕이 당혹스

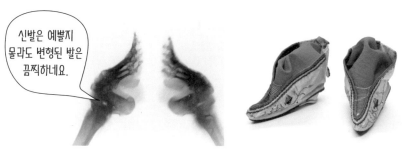

신발은 예쁠지 몰라도 변형된 발은 끔찍하네요.

전족의 엑스레이 사진과 전족에 신었던 신발 (photo by Daniel Schwen)

러워하지 않도록 그녀의 아버지가 '아주 작은 발을 가진 여성만이 진정으로 바람직한 여성'이라고 말한 데에서 유래했다는 설과, 송나라 때 흩뿌려진 연꽃과 백합 위에서 춤을 추었던 궁정 무희의 아주 작은 발에서 발전되었다는 설이 있습니다.

그런데 대부분의 사람들은 전족이 악습이고, 당시의 여성들이 전족을 원하지 않았다고 생각하는 경향이 있습니다. 어떤 면에서는 맞고 어떤 면에서 그렇지 않습니다. 전족은 오랫동안 중국 여성들에게 고통을 주었지만, 정작 소녀들은 전족을 하는 것을 명예스럽게 생각했으며, 좀 더 품격 있는 여성으로 성장할 수 있다고 믿었습니다. 전족은 우아함, 문화적 양육, 심지어는 지(知)의 표현으로 생각되었기 때문에 사회적 지위가 있는 집안의 모든 여성은 전족을 했으며, 당시 노동력으로서 여성 인력이 중요했음에도 불구하고 평민이나 농민들도 자신의 딸들이 전족을 하기를 소망했다고 합니다. 딸들이 많은 농민의 경우, 딸 중에 하나라도 전족을 하려고 노력했다고 하네요.

앞서 슈퍼히어로의 망토에서 '핸디캡 이론'을 설명했었는데, '우리 집은 딸아이들이 먹고사는 노동을 하지 않아도 충분히 여유가 있는 집안이다'를 강조하기 위해 일부러 노동이 불가능한 상태로 소녀들의 발을 작게 만든 겁니다. 노동력 상실이라는 핸디캡을 만들어 사람들에게 보여줌으로써, 이 정도의 노동력 상실은 문제가 될 것 없다고 큰 소리 치는 셈입니다.

하지만 이것만으로는 전족의 풍습이 지속된 이유가 설명될 순 없습니다. 거기에는 전족을 하는 여성을 바라보는 남성들의 욕망이 감추어져 있습니다. 남성들은 전족을 한 여성을 긍정적으로 생각했고, 부유하고 지위가 높은 남성은 그녀들을 자기 곁에 두려고 했습니다. 부인의 노동력이 필요치 않다는 것뿐만 아니라, 이런 부인의 시중을 드는 하녀를 고용할 정도로 자신이 잘 나가고 있다는 과시이기도 했습니다. 정부인뿐 아니라 2부인, 3부인처럼 여러 명의 부인들을 모두 전족 여성으로 삼은 사람들은 외부 사람을 초대해서 부인들을 빙 둘러 앉혀놓고는 자신의 세를 과시하는 것을 즐겼다고 합니다.

또한, 전족의 끈을 풀어낼 수 있는 권리는 남편만이 지니고 있었는데, 남성들은 전족을 한 여성의 발 냄새가 최고의 향기라고 칭송했고, 발의 촉감에서 성적 흥분을 느꼈으며, 걸을 때마다 위험스럽게 흔들리는 유약해 보이는 여성의 모습에서 섹시함을 느꼈다고 합니다. 당시 남성들 사이에서는 냄새(향기?)가 나는 전족 신발에 술을 따라 마시는 것을 멋진 풍류라고 여길 정도였습니다. 여기에 전족을 한 여성은 제대로 걸을 수 없으니 집에서 멀리 도

망칠 수가 없었습니다. 여성을 하나의 인격체보다는 거래의 대상이나 지배, 소유의 대상으로 여겼던 사회에서 여성에게는 보행의 자유도 제대로 주어지지 않았던 셈이죠. 물론 문화와 풍습이라는 구실로 말이죠.

11세기경에 시작되어 1960년대까지 900년 가까이 존속했던 전족이 없어진 것은, '일하지 않는 자여, 먹지도 마라'를 외치던 공산주의 사상과 중국의 문화대혁명에서 전족이 반혁명적 행위로 규정되었기 때문입니다. 노동력의 상실은 더 이상 핸디캡 이론에 해당되는 요소가 아니게 된 거죠. 이렇게 보면 전족의 작은 발은 사회가, 문화가 규정한 아름다움입니다. 아름다움은 의식적이고 개념적인 것이 아니라 뇌가 아주 짧은 사이에 자연적으로 느끼는 것이라고 하지만 전족을 보면 다분히 외부에서 주어진 인식의 문제일 수도 있다는 생각이 듭니다. 그렇다면 과연 이 작은 발의 아름다움은 중국만의 특색이었을까요?

예전부터 동서양을 막론하고 작은 발은 여성스러움의 상징이며, 사회적 신분의 표상으로 간주되어 왔기 때문에 여성들은 작은 구두에 발을 맞춰 넣으려고 애써왔습니다. 심지어 전족을 야만적이라고 비판하던 유럽에서도 17~18세기에는 신분이 높은 여성들이 잠들기 전에 밀랍 칠을 한 리넨으로 그들의 발을 꽁꽁 묶어 작은 발을 만들려고 했을 정도입니다. 특히 17세기 유럽에서 발레가 유행한 시기에는 꽉 끼는 발레 슈즈를 신어서 발을 작게 만드는 게 귀족의 상징이기도 했습니다. 어떤 여성들은 작은 발을 만들기 위해 찬물에 발을 담가 작은 구두에 억지로 밀어 넣기도 했다고 합니다. 미국의 여성들조차 20세기 초까지만 해도 깨어 있는 시간 동안 테이프로 그들의 발을 단단히 동여맸다고 하네요.

유럽과 미국 등에서도 큰 발은 노동자 계급이라는 인식이 있었고, 귀족계급들은 작은 발을 선호했습니다. 이들도 역시 큰 발은 여기저기 돌아다니고 움직여야 하는 사람, 즉 품위 있게 여유 있는 시간을 보내는 여성의 이미지와 맞지 않다고 본 거죠. 현대의 여성들은 어떤가요? 이전과는 달리 작은 발의 여성이 아름답고 여성스럽다는 인식은 많이 사라졌습니다. 게다가 신데렐라처럼 정상적 사이즈에서 벗어난 너무 작은 발도 이상하다고 느껴지는 시대입니다. 낯설어서입니다. 그리고 여성도 남성에 의존하지 않고 자신만의 존재감을 표현하도록 사회활동을 권하는 시대이기 때문입니다.

아름다움은 문화의 산물입니다. 작은 발의 신데렐라가 지금의 시대에 태어났다면 화제의 인물은 될 수 있었겠지만 과연 아름다움과 착함의 대명사가 될 수 있었을지는 의문입니다.

훔쳐보는
욕망,
세일러복의
변신
장면

　　11세기경 영국 코벤트리(Coventry) 지역을 다스리던 영주의 부인인 고디바Godiva는 남편이 과중한 세금을 부과하여 백성들을 괴롭히자 남편에게 백성들을 위해 세금을 줄여달라고 부탁합니다. 이에 남편은 부인이 알몸으로 말을 타고 마을을 한 바퀴 돌면 원하는 것을 들어주겠다고 제안합니다. 매번 귀찮게 부탁을 하자 설마 그렇게까지는 하지 않을 거라 생각하고 한 말이었죠. 그런데 부인은 정말 벌거벗은 채로 말을 타고 마을을 한 바퀴 돌고 맙니다. 이렇게 되니 영주도 할 수 없이 그 소원을 들어줄 수밖에 없었습니다. 우리가 공항 면세점에서 자주 봐왔던 명품 초콜릿 고디바 브랜드의 명칭도 바로 이 전설에서 유래한 것입니다.

그런데 갑자기 웬 초콜릿 브랜드 이야기냐고요?

고디바 부인을
性스럽다고 또는
聖스럽다 보는 건
각자의 판단?

존 콜리어John Collier의 <고디바 부인(Lady Godiva, 1897년경)>과 고디바 초콜릿 상자(photo by Kreecher)

이 전설에는 또 하나의 이야기가 있습니다. 부인이 꿋꿋하게 영
주가 말한 대로 하겠다고 우기자 영주는 할 수 없이 마을 사람들
에게 창문을 닫아걸고 밖을 보지 말도록 명령을 내립니다. 만일
보는 사람이 있으면 사형에 처하겠다고 하면서 말이죠. 그런데 이
런 무서운 명령에도 불구하고 몰래 부인의 모습을 훔쳐본 사람이
있었습니다. 그는 양복재단사인 '톰'이었습니다. 이 역시 전설에
지나지 않지만 이 이야기로 인해 엿보기 좋아하는 사람이나 호색
가, 관음증 환자를 지칭하는 '훔쳐보는 톰(Peeping Tom)'이란 말이
탄생합니다. (이 전설은 다른 버전도 있습니다. 마을 사람들이 부인의 고마운
행동에 감복해서 모두 창문을 닫아걸고 밖을 보지 않기로 합니다. 그런데 톰만
은 몰래 훔쳐봅니다. 이 일로 그는 장님이 되고 맙니다.)

서론이 조금 길어졌나요? 지금부터 하려고 하는 이야기는 우리
가 아무렇지도 않게 훔쳐보았던 소녀들의 이야기입니다. 우리 모

두를, 지구를 구하려고 애쓰던 그 소녀들의 벗은 몸을 대놓고 훔쳐보았던 이야기.

애니메이션 속에서 남성 조종사들이 로봇을 타고 지구를 구할 때, 전투 미소녀나 마법 미소녀들은 맨몸으로 싸워야 했습니다. 게다가 그녀들은 아직 어린 소녀들이었고요. 전투 미소녀 대부분이 10대 중반이었고, 초등학교 저학년인 마법 미소녀들도 많았습니다. 물론, 싸워야 하는 숙명 때문에 평상복을 입고 있던 이 소녀들도 옷을 갈아입어야 합니다. 슈퍼맨이나 배트맨처럼 말입니다. 네, 앞에서도 여러 번 말해왔던 '변신'이라는 것이죠.

슈퍼맨과 원더우먼은 몇 번 빙글빙글 돌거나, 눈에 띄지 않는 곳에서 조용히 변신을 합니다. 배트맨은 봉이나 엘리베이터를 타고 지하기지로 내려오는 동안 '짠~' 하고 변신하죠. 스파이더맨은 가면을 쓰는 장면은 나오지만 쫄쫄이가 의상인 관계로 변신 장면을 보여주진 않네요. 헐크는 변신이 최고의 감상 포인트인 만큼 쫄쫄이 바지가 버티는 데까지 변신과정을 보여줍니다. 아이언맨은 처음에는 최첨단 기술을 자랑하면서 슈트에 몸을 집어넣는 방식을 선보이다가 나중에는 슈트의 파트들이 날아와서 몸에 장착되는 방식으로 변신 과정도 진화하죠. 과시욕이 지나친 아이언맨을 빼고 대부분의 슈퍼히어로는 사람들이 눈치채지 않게 변신을 합니다. 행여 사람들이 볼세라 몸을 사리죠.

그런데 일본 만화와 애니메이션에서 빛을 발하고 있는 미소녀 전사들의 변신은 '나를 좀 봐줘요!'라고 외치듯 대놓고 변신을 합니다. 그녀들은 사람들이 있든 말든 개의치 않습니다. 입고 있던 의상이 바뀌고 무기가 장착되는 과정도 굳이 숨기지 않습니다. 오히려 이런 변신 과정을 보여주고 싶어 안달인 것처럼 보일 때도 있을 정도니까요. 그 대표 주자가 〈달의 요정 세일러문〉의 캐릭터들입니다.

슈퍼맨과 세일러문의 변신 과정이 이렇게 달라진 것은 무슨 이유였을까요? 여기에는 '누가 그녀 또는 그의 변신을 원하고 있는 가'라는, 욕망의 주체가 문제가 됩니다. 슈퍼맨에게 변신은 자신의 필요에 의한 것입니다. 변신을 해야 앞서 말한 대로 슈퍼히어로의 모습으로 돌아가 맘껏 행동을 할 수 있습니다. 자칫하다가는 자신의 일상 민낯을 들켜버리니 조심해야 합니다. 그는 변신을 할 필요성이 있었고 그래서 변신을 합니다. 때문에 슈퍼맨의 변신 과정은 보고 즐기는 이벤트가 아닙니다. '와! 슈퍼맨 대단한데? 저렇게 멋지게 변신하는구나!'보다는 그저 진정한 슈퍼히어로의 모습으로 돌아가기 위한 일종의 통과의례일 뿐입니다. 그러다 보니 시간이 짧으면 짧을수록 좋습니다. 어차피 지나가는 통과의례니 가능한 빨리 거쳐가야 합니다. 그래야 효율적이고 생산적인 영웅적 성과를 얻을 수 있을 테니까요.

이에 반해 미소녀 전사들의 변신은 다분히 장식적입니다. 굳이 미소녀 전사들은 변신을 할 필요가 없습니다. 세일러문 전사들만 해도 얼굴을 가리지도 않을뿐더러 일상의 신분과 다른 신분으로 변하는 것도 아닙니다. 그들의 능력이 변신을 한다고 크게 달라지는 것도 아니고요. 다만 변신을 하고 나면 더 멋지게 능력이 발휘되는 것처럼 보이게 됩니다. 그래서 미소녀 전사들의 변신 장면은 미소녀 전사들을 바라보는 시청자나 관람객의 시선을 위한 변신입니다. 그래서 그녀들의 변신은 이벤트가 됩니다. 이 이벤트는 있어도 없어도 되는 것이지만, 없으면 팥소가 없는 찐빵처럼 진정한 콘텐츠의 매력을 잃게 만드는 신비한 힘을 지니게 되죠. 이벤트를 위한 이벤트이기 때문에 시간이 짧으면 안 됩니다. 매회 등장하는 변신 장면이니 적당히 짧게 하거나 건너뛰어서도 안 됩니다. 그 이벤트가 없다면 시청자는 〈달의 요정 세일러문〉이 아닌 다른 애니메이션이라고 느끼기 때문이죠. 세일러문은 이 변신 과정이 시청자의 욕망을 자극하는 이벤트로 자리 잡았다는 것을 확실히 세상에 알려준 애니메이션이 됩니다.

오타쿠뿐만 아니라 애니메이션을 좋아하는 사람들을 놀라게 한 애니메이션으로 역사에 기록될 〈달의 요정 세일러문〉이 방영된 1992년, 제작사와 방송사인 후지TV는 고민에 빠집니다. 야심차게 준비한 애니메이션이 방영 초기에 기대 이하의 너무 낮은 시청률을 보이고 있었기 때문이죠. 미취학 아동에서 초등학교 저학년의 여자아이들을 대상으로 한 세일러문은 나름 야심찬 기획이었습니다. 이전에는 주로 요술공주 세리나 밍키처럼 미소녀 주인공이 혼자인 경우나, 한두 명 보조역으로 미소녀가 등장하거나, 미소녀 마법 장르가 아니고 세 자매가 주인공으로 등장하는 TV 시리즈 애니메이션이 몇 개 있었을 뿐이었습니다.

세일러문은 중학생 정도의 미소녀들이 팀으로 움직이는 애니메이션이었습니다. 게다가 그녀들은 각각의 개성과 매력이 달라 다양한 시청자 층에게 매력을 어필할 수 있을 것이라고 계산했죠. 그러나 3회까지 방영한 상태에서 너무 낮은 시청률이 나왔고, 이에 긴급회의가 소집됩니다. 그리고 여러 가지 분석과 대안이 나오게 됩니다. 이때 재미있는 사실 하나가 발견됩니다. 전반적으로 시청률이 낮았지만 이상하게 10대, 20대 남성의 시청률이 당초 타깃으로 했던 저연령 여아들의 시청률과 비슷하게 나왔다는 점이었습니다. 이상하게 생각한 제작사와 방송사는 인터뷰 조사를 하게 되고 애니메이션을 보았던 남성들의 대다수가 만화나 애니메이션에 관심이 많은 오타쿠라는 사실을 알게 됩니다.

콘텐츠를 비롯한 상품은 처음부터 많은 사람이 접하게 되는 것은 아닙니다. 일부의 사람들이 처음 맛을 보고 점차 입소문 등을 통해 알려지면서 어느 정도의 대중이 콘텐츠를 접하게 되면 그 다음부터는 이를 접하는 대중이 폭발적으로 확산됩니다. 이는 흔히 확산이론(Diffusion Theory)에서 말하는 초기 수용자(early adopter)와 이들에 뒤이어 일정한 수의 대중(critical mass)이 상품을 접하게 되어야 사회적으로 유행되고 확산된다고 보는 견해입니다. 오타쿠나 마니아들이 콘텐츠 산업의 핵심적 역할을 담당하는 이유는 바로 이 초기 수용자의 역할을 해내고 있기 때문입니다. 이들은 아직 일반 대중이 낯설어하는 콘텐츠를 과감히 소비하면서 조금씩 사회에 퍼뜨리며, 오랫동안 자신이 좋아하는 콘텐츠가 사회적으로 전파되는 과정에서 끈기 있게 활동하면서 뿌듯함을 느낍니다. 세일러문의 시청률로 고민하던 제작사와 방송사가 주목한 것이 바로 이점이었습니다.

"저연령 여아를 통해 애니메이션이 확산되는 것을 기대하기는 더 이상 힘들다. 그러니 오타쿠층을 타깃으로 해서 그들의 전파력을 시험해보자."

그들은 위기 국면을 타개하기 위해 발칙하게도 방향을 선회합니다. 타깃을 10대, 20대의 남성으로 바꾸었던 것입니다. 그리고 대상 연령도 조금 높이기로 합니다. 그 결과 시청률은 소위 대박을 치게 되고 애니메이션 역사에 길이 남을 명작으로 남게 됩니다. 그럼 여기서 궁금해지네요. 왜 남성들은 세일러문을 보았던 것일까요?

가장 쉽게 생각할 수 있는 건 남성들이 좋아할 만한 미소녀가 떼로 나온다는 이유입니다. 한두 명도 아니고 각각 성격과 매력이 다른 미소녀가 5명이나 나오니 각자 좋아하는 스타일의 캐릭터를 보기 위해, 또는 모두를 보기 위해 TV 앞에 앉아 있었을 겁니다. 참고로 방영 초기 남성 시청자를 대상으로 한 인기투표에서는 세일러 머큐리가 주인공인 세일러문을 제치고 한동안 1위 자리를 지켰습니다. 청순하고 가련하면서 숨겨진 힘을 지닌, 이전의 애니메이션에서는 찾아보기 힘들었던 매력에 많은 시청자들이 매혹

된 거죠. 게다가 변신 전의 학생일 때는 안경을 쓴 모범생 스타일이라는 것도 매우 현실적이었습니다. 이후에 떼로 나오는 미소녀 집단에는 반드시 안경을 쓴 소녀가 등장하게 됩니다.

하지만 이걸로는 뭔가 석연치 않네요. 이 애니메이션을 보셨다면 가만히 기억을 되살려보길 바랍니다. 어쩌면 금방 떠올릴 수 있을지도 모릅니다. 남성들을 끌어당긴 가장 핵심적인 포인트는 바로 '변신 장면'이었습니다. 이 장면은 당시 일본에서도 화제가 되었습니다. 일단 미소녀들의 누드 실루엣이 나오고, 가슴 부분에서 시작해서 손끝, 발끝을 훑는 카메라워크가 이루어지면서 변신을 하게 됩니다. 불순한 눈을 가지고 여성의 몸매를 감상하는 남성의 시선 그대로 카메라가 변신하는 소녀들의 몸의 훑고 지나가는 셈입니다.

게다가 중학생인 그녀들이 변신 과정에서는 여느 성인 여성 부럽지 않은, 소위 쭉쭉 빵빵의 몸매로 바뀝니다. 그 때문에 누드 실루엣은 중학생의 몸이 아닌 성숙한 여성의 몸을 보여줍니다. 5명의 미소녀가 각자 변신해야 하니 변신 장면도 다섯 번 나옵니다. 변신을 시작해서 끝날 때까지 약 41초가 소요되니 41초×5명으로 계산하면 약 3분 25초, 즉 한 회 방영시간의 10퍼센트가 넘는 시간을 변신에 할애하고 있는 셈입니다.

또 하나는 아직 중학생인 캐릭터들의 변신 후 전사 복장입니다. 모두들 미니스커트를, 그것도 나풀나풀한 것으로 입고 있습니다. 긴 부츠를 신고(세일러 마스만 왠지 빨간 하이힐), 장갑까지 끼고,

남성들의 로망인 제복 스타일을 응용한 복장을 하고 있죠. 중학교 교복인 세일러복 스타일을 벗어던지고 어딘가 무도회장이라도 갈 태세의 복장입니다. 일본 특유의 귀여움과 섹시함의 절묘한 매치라고나 할까요.

보통 변신 장면이 있는 TV 시리즈는 회가 거듭될수록 짧게 조정되거나 어떤 경우는 아예 없어지는 경향이 있습니다. 하지만 세일러문은 오히려 시리즈가 거듭되면서 변신 시간을 약간 길게 하는 전략을 선택합니다. 1기에서 평균 41초였던 변신은 2기에 와서는 51초로 늘어납니다.

'일본 만화/애니' 하면 이제는 어디라도 등장하는 팬티 노출 장면이나 수영복 차림도 심심치 않게 등장합니다. 남성들의 흥미를 끌 수 있는 전략으로 방향을 선회하면서 시청률이 오르고 이슈가 되자 평론가들까지 여기에 가세하게 됩니다. 한 유명 애니메이션 평론가는 세일러 캐릭터들이 적과 싸우는 과정에서 나오는 신음소리가 남녀관계를 할 때 여성의 교성과 똑같다는 주장을 펴기까지 했습니다.

세일러문의 캐릭터들은 남성들에게 당당하게 훔쳐볼 수 있는 기회를 주었습니다. 아직은 성인이 되지 않은 미소녀의 몸을, 아이들이 보는 애니메이션이라는 도구적 특성을 핑계로 아주 쉽게 훔쳐볼 수 있었죠. 카메라 앵글이 자신들의 욕망에 따라 충실하게 움직여주었고, 애니메이터들은 자신들이 원하는 욕망의 대상을 충실하게 표현해주었습니다. 물론 이렇게 표현했다고 해서 일각에서 말하는 '세일러문은 성인용 애니메이션이었다!'라는 문제 제기에 대해 '그렇다!'라고 말하려는 것은 아닙니다. 단지 애니메이션도 다른 모든 콘텐츠와 같이 우리의 욕망을 충족시키기 위한 수단이란 점을 말하는 것이죠.

지상파나 케이블 TV 속의 드라마, 예능 프로그램은 이제 '훔쳐보기'가 가장 핵심적인 콘텐츠가 되고 있습니다. 아이들과 여행을 가고, 연예인들이 함께 모여 살고, 가상 결혼을 한 커플들을 따라다니고, 농촌과 시골 생활을 중계해주는 등의 관찰 예능이라는 장르의 유행은 떳떳한 훔쳐보기를 표방합니다. 거기에는 우리들이 본능처럼 가지고 있는 '다른 사람의 생활을 훔쳐보고 싶다!'라는 관음증의 욕망이 자리하고 있습니다.

어쩌면 세일러문은 '이런 훔쳐보기 욕망을 어떻게 하면 가장 잘 충족시킬 수 있을까'를 고민한 끝에 성공한 대표적인 애니메이션일지도 모릅니다.

남자의
욕망,
요정 천국을
키운
왕

지금 많은 콘텐츠에서 가장 강력한 힘을 발휘하고 있는 것은 판타지(fantasy) 작품입니다. 영화, 소설, 만화, 애니메이션은 이전부터 판타지가 대세였으니 말할 것도 없지만 최근 들어 지상파는 물론 케이블 TV 드라마에도 판타지가 인기 있는 프로그램으로 자리 잡았습니다. 판타지는 인간세계가 아닌 특별한 시공간을 요구하기 때문에 현실적인 캐릭터와는 거리가 먼 귀신, 악마, 괴물, 마법사 등이 등장합니다. 그리고 그 중에서 가장 멋진 캐릭터는 요정이라 할 수 있습니다. 여기서 질문 하나. 그럼 세계에서 판타지, 즉 요정이 가장 많이 등장하는 콘텐츠의 왕국은 어디일까요?

정답은 영국입니다. 왜냐고요? 지금부터 그 이유를 찾아가보기로 하죠. 요정이 주인공이 되는 판타지 작품은 단어 그대로 현실이 아닌 환상을 다룬 작품입니다. 그래서 『어린왕자』나 『한여름 밤의 꿈』, 『이상한 나라의 엘리스』와 같은 세계적인 작품이 아니라면, 요정이나 마술, 마법과 같은 초자연적인 요소가 등장하는 내용은 아이들이나 읽는 동화로 취급받기 일쑤였죠.

하지만 경제적, 물질적 풍요를 누리고, 새로운 밀레니엄을 맞이하는 시기를 전후로 전 세계는 난데없는 콘텐츠 경쟁 시대에 도래했고, 이때 주목받게 된 것이 바로 영화로 만들어진 〈반지의 제왕〉, 〈나니아 연대기〉, 〈황금나침반〉, 〈해리포터〉 등의 판타지 작품입니다. 각각 J.R.R. 톨킨John Ronald Reuel Tolkien의 『반지의 제왕(1954~55)』, C.S. 루이스Clive Staples Lewis의 『나니아 연대기(1950~56)』, 필립 풀먼Philip Pullman의 『황금나침반(1995)』, 조앤 K. 롤링Joan K. Rowling의 『해리포터 시리즈(1997~2007)』를 원작으로 하는 영화들입니다. 우리 모두가 잘 알고 있는 이 판타지 작품들, 여기서 우리가 간과하고 있는 것이 하나 있습니다. 이 작품들 모두 영국 작가들의 작품이라는 사실입니다.

흔히들 세계 3대 판타지 작품으로 『반지의 제왕』, 『나니아 연대기』, 『어스시 시리즈』를 말하지만, 이 중 『어스시 시리즈』의 어슐러 르 귄Ursula Kroeber Le Guin만이 미국 작가입니다. 하지만 이 작품은 다른 작품들에 비해 대중에 널리 알려지지는 못해 3대 판타지 작품이라고 하기에는 조금 존재감이 떨어지는 편입니다. 영국의 3대

판타지 작품인 『반지의 제왕』, 『나니아 연대기』, 『황금나침반』은 물론 판타지하면 가장 먼저 손에 꼽히는 『해리포터 시리즈』까지 넣어 비교하자면 상대가 안 될 정도입니다.

우리는 판타지하면 우선 중세 유럽 대륙을 떠올립니다. 그런데 영국은 프랑스나 독일, 오스트리아와 같은 유럽 대륙의 국가가 아닙니다. 도버해협을 사이에 두고 바다 건너에 있는 섬나라입니다. 그래서 다소 의문이 듭니다. '왜 다른 유럽 대륙의 국가에서는 영국만큼의 판타지 문학이 발달하지 못한 걸까?' 하고 말이죠. 이 의문을 풀어줄 단서는 2013년 서울대학교 학생들이 가장 많이 읽은 책으로 화제가 된 『총, 균, 쇠』에서 찾을 수 있습니다.

이 책은 '각 문명 간의 불평등이나 차이가 지리적 환경의 영향 때문에 야기되었다'라는 점을 이야기합니다. 저자는 차분히 이런저런 증거를 들이대면서 '이래도 설득당하지 않을래? 어때? 그럴싸하지?'라며 뇌 전두엽을 쿡쿡 찔러댑니다. 그래서 책을 읽다 보면 '음, 그렇구나. 사실 우리는 어떤 두 나라나 지역을 비교할 때 자주 지역 구성원의 능력이나 문화, 정치 같은 것들이 차이를 만들어낸다고 생각하기 쉽지만, 그것보다는 두 지역의 지리적, 환경적, 기후적 차이가 더 중요하구나' 이런 깨달음을 얻게 됩니다. 어디에, 어떤 환경에 위치해 있느냐에 따라 많은 것이 결정된다는 것이죠. 그럼 이 책에서 얻은 힌트를 빌려온다면, 이렇게 생각할 수도 있지 않을까요?

'혹시 다른 유럽 대륙의 국가와는 달리 섬이라는 지리적 요건이 영국을 판타지 대국으로 만든 것은 아닐까?'

먼저 살펴봐야 할 것은 판타지의 핵심적 캐릭터인 요정에 대해서입니다. 요정(fairy)은 어떤 생명체일까요? 우리는 흔히 요정하면 '일단 얼짱에, S라인의 몸매에, 아슬아슬한 패션, 그리고 등짝에는 나비 날개를 단 작은 미소녀'라는 기본형을 떠올립니다. 많은 이들에게 이 기본형을 만들어준 것은 아마도 디즈니 애니메이션인 〈피터팬〉에 나오는 '팅커벨(Tinker Bell)' 때문이었을 겁니다. 물론 저 또한 마찬가지입니다. 처음 팅커벨을 보았을 때는 어린 마음에도 다소 충격적이었습니다. 어린 시절 접할 수 있던 캐릭터 중에 가장 노출이 심했기 때문입니다. 그래서 당시에 요정은 일종의 성적 환상이 투영되는 대상이기도 했습니다.

이런 까닭은 아마도 책의 일러스트레이터나 애니메이션을 만드는 사람들이 현실이 아닌 이세계(異世界)와 환상 속에 존재하는 요정이라는 핑계로 맘껏 자신의 욕망을 투영했기 때문일지도 모릅니다. 한편, 이 정도로 대놓고 성적 어필을 하던 캐릭터를 아이들이 접하기는 어려운 것도 사실입니다. 지금도 많은 남성 판타지 팬들을 사로잡고 있는 엘프(elf)는 가장 이상적인 여성상에 가까운 모습을 하고 있습니다. 특히 투명해 보이는 그녀들의 피부를 보고 있으면 순수함의 극치를 보는 기분입니다. 처음 보면 위화감이 드는 뾰족한 귀도 자꾸 보다 보면 고양이 귀처럼 귀엽다는 느낌이

들 정도니까요.

그런데 요정은 유감스럽게도 이런 환상적인 비주얼을 지닌 존재만은 아닙니다. 단지 많은 작가들이 보기 좋은 캐릭터를 자주 등장시키다 보니 기본형으로 인식되고 있을 뿐입니다. 현실이 아닌 환상 속의 존재, 게다가 자연의 혼령이라면 반드시 이런 멋진 스타일이 아니라, 괴상망측하고 볼품없는 요정도 있을 것 같지 않나요?

일본의 가라스텐구 목각(photo by Wolfgang Michel, 2013) 과 『영국의 옛 이야기(English Fairy Tales)』 삽화 속에 등장하는 요정 고블린(illustration by Joseph Jacobs, 1895)

고블린, 드워프, 오거, 켈피와 같은 이상하고 무서운 녀석들도 요정에 속합니다. 우리나라 도깨비나 일본의 텐구와 같은 존재도 요정의 일종이라고 하니 정말 놀라울 따름입니다. 이처럼 다양한 요정이 존재하게 된 것은 요정이 '자연의 힘을 의인화한 것', '태고의 신들이 작아진 것', '멸망한 옛날 종족의 기억', '죽은 자의 영혼',

'타락한 천사' 등 매우 넓은 범위에서 정의되기 때문입니다. 우리는 이 중에서 자연의 힘을 의인화한 것을 대표적으로 요정이라 부르고 있습니다. 그리고 그들의 이미지는 날개 달린 작고 예쁜 소녀와 같은 모습입니다. 그래서 그들을 '물의 요정', '꽃의 요정', '바람의 요정'이라고 부릅니다.

물론 영국만이 아니라 프랑스, 독일, 이탈리아 등이 있는 유럽 내륙에도 많은 요정이 존재했습니다. 어느 지역에나 자연을 의인화하거나 태고의 신들을 나타내는 요정은 있었으니까요. 하지만 언젠가부터 판타지 작품이 유럽 대륙에서 사라졌듯이, 요정의 존재도 점차 사라지기 시작합니다. 판타지의 주인공이 요정이었으니 운명을 같이 한 셈입니다. 유럽 대륙에서 판타지가 외면을 받게 된 데에는 종교적 이유가 컸습니다. 기독교적 세계관은 유일신인 하나님이 자신의 뜻에 따라 움직이는 세계를 만들었다는 것을 전제로 합니다. 물과 흙과 빛은 물론이고, 모든 생명은 하나님이 창조한 거죠. 생명에는 동물, 식물, 곤충, 그리고 인간이 모두 포함됩니다. 그리고 그것들은 어느 하나 불완전한 모습으로 존재하지 않습니다. 인간은 인간다운, 코끼리는 코끼리다운, 파리는 파리다운 모습으로 만들어졌으니까요.

그런데 보세요. 요정은 인간과 동물, 곤충도 아닌 이상한 생명체입니다. 팅커벨은 몸은 여자지만 나비나 잠자리의 날개를 달고 있습니다. 엘프는 인간처럼 보이지만 귀는 여우나 고양이를 닮았죠. 어떤 요정은 네 발 짐승처럼 생겼는데 두 발로 걸으면서 말을 할 줄 알고, 어떤 요정은 뭍의 짐승 모습에 물갈퀴나 지느러미를 지니고 있습니다. 식물의 모습에 말을 하고 걸어 다니는 요정도 있습니다. 뭐 이런 모습이 아니면 환상 속의 존재인 요정이라 할 수 없겠지만요.

윌리엄 블레이크William Blake의 <거대한 붉은 용과 태양을 입은 여인(Great Red Dragon And the Woman Clothed with the Sun, 1803~1805)>

현실에는 존재하지 않는 이상한 모습을 하고 마법과 같은 특별한 능력을 지닌 존재인 요정은 기독교에서 말하는 하나님의 창조물이 아닙니다. 그러니 만일 요정이 존재했거나 존재한다고 믿는 행위는 하느님의 말씀을 믿지 않는 것을 의미합니다. 다시 말하면 만의 하나라도 요정이 존재한다면 하나님이 만든 것이 아니라 악마가 만들었다는 결론에 다다르게 되죠. 악마는 하나님이 만든 생명체를 마음대로 자르고 붙여서 이상한 모습을 한 괴물들을 만들어내는 능력을 지녔습니다. 그래서 악마를 묘사할 때 날개와 염소의 뿔, 꼬리를 달고 있는 이것저것 조합형의 모습으로 그려지곤 합니다. 악마 자신도 다른 요정처럼 여러 생명체를 조합한 모습인 셈입니다.

유럽 대륙에 기독교의 강력한 믿음이 힘을 발휘하고 있을 때, 사람들은 현실에 존재하지 않는 이상한 모습과 능력을 지닌 생명체에 대해 악마적 속성을 지녔다고 생각하게 됩니다. 이에 따라 각 지역의 전통 신앙이나 토속 신앙 속에서 신격화된 숭배의 대상이었던 주인공들의 지위는 반대로 격하됩니다. 하나님이 존재하는데 다른 숭배의 대상이 있어서는 안 되니까요. 그래서 강의 신, 바람의 신, 숲의 신은 요정으로 신분이 바뀌게 되고 점차 악마 또는 작은 악마로 취급받으면서 입에 담거나 글로 표현해서도 안 되는 음험한 괴물로까지 추락하게 됩니다.

예를 하나 들어볼까요? 1837년 안데르센이 동화 『인어공주』를 썼을 때, 당시 모든 사람들은 왜 아름다운 동화 이야기에 '사람+물고기'라는 잡종 괴물을 주인공으로 했냐고 비난을 퍼부었습니다. 기독교적 사상이 충만했던 유럽 대륙에서는 받아들이기 힘들었던 겁니다. 게다가 안데르센의 이름은 한스 크리스찬 안데르센 Hans Christian Andersen이거든요. 이름에 '크리스찬'이라고 박아 넣을 만큼 독실한 기독교인이었던 그는 세상을 빛낸 100인의 루터교로 선정된 인물이기도 했습니다. 그래서 그가 예전에는 숭배의 대상이었을지 모르지만 당시는 그냥 괴물로 취급되는 인어를 주인공으로 삼아, 그것도 인어가 하나님 곁으로 갈 수 있는 영혼을 갖게 된다는 이야기를 썼다는 사실에 많은 사람들이 놀랐습니다. 물론 괴물도 악마적 속성을 거부하고 떼어내게 되면, 하나님으로부터 구원을 받을 수 있다는 내용임을 확인하고 나서야 진정이 되었지만요.

이렇게 기독교 정신이 유럽 대륙을 휩쓸면서 토속 신앙과 요정 제거의 바람이 불고 있을 때, 바다 건너 영국에는 조금 다른 바람이 불기 시작합니다. 기원전 1세기를 지나 한때 유럽 전역을 지배했던 켈트족은 로마의 지배하에 놓이고 그 세력권이 점차 축소되었습니다. 그리고 결국 지금 영국의 잉글랜드, 웨일즈, 스코틀랜드, 아일랜드의 풍습과 언어, 신앙 등에만 영향을 남긴 채 사라지게 됩니다. 그 결과 유럽 대륙은 로마 제국 이후 기독교 문화가 확고하게 정착한데 반해, 영국은 바다를 사이에 두고 비교적 오랜 기간 켈트 문화의 영향을 받게 됩니다. 여기에 영국이 유럽 대륙의 기독교와는 다른 종교적 분위기를 띠게 되는 결정적인 사건이 터집니다.

15세기 영국 왕이었던 헨리 8세는 아들을 낳지 못하는 왕비 캐서린과 이혼하고 궁녀인 앤 불린과 결혼하고 싶어 로마교황에게 결혼무효 소송을 제기합니다. 당시 왕의 이혼과 결혼에는 교황의 승인이 필요했거든요. 그런데 당시 로마교황이었던 클레멘트 7세는 이 소송을 받아주지 않습니다. 캐서린은 교황의 친척이었으니까요. 이에 화가 난 헨리 8세는 의회를 소집하여 1534년 국왕지상법(國王至上法)을, 1536년 로마의 영국 내 감독권을 폐지하는 법령을 발포합니다. 앤 불린은 후에 엘리자베스 1세가 되는 공주를 낳지만 아들을 사산하는 바람에 헨리 8세에게 버림을 받아 간통죄를 뒤집어쓰고 처형당하고 맙니다. 헨리 8세는 모두 6명의 여자를 왕비로 맞이했는데, 앤 불린의 이야기는 후에 영화 〈천일의 앤〉과 소설 등으로 대중에게 널리 알려지게 되죠.

바람둥이 왕?
또는 영국을
굳건히 한 왕?

한스 홀바인Hans Holbein the younger의 〈헨리 8세의 초상화(1539~1540)〉와 1997년 영국에서 발행된 튜더왕조 기념우표에 새겨진 6명의 왕비들

헨리 8세의 이혼 문제로 불거진 로마 카톨릭 교회와 영국의 갈등은 결국 16세기 엘리자베스 1세가 유럽 대륙의 기독교보다 개혁적인 성공회의 전통을 만드는 종교개혁을 단행함에 따라 더욱 심화되었습니다. 그리고 1570년 로마교황 비오 5세가 여왕 엘리자베스 1세를 파문하면서 영국의 국교인 성공회는 로마 카톨릭 교회와 완전히 갈라서게 됩니다.

이로써 영국은 요정에 대해 엄격했던 로마교회 중심의 유럽 대륙 기독교와는 다른 종교적 색채를 띠게 되었고, 비교적 요정에

너그러운 사회 분위기가 정착됩니다. 바다라는 장애물로 인해 대륙과 떨어져 있었고, 오래 전부터 켈트의 전통 신앙의 영향이 강했으며, 정치적으로 또 종교적으로 로마교회와 결별한 영국은 요정을 이단시하는 대륙의 풍토와는 다른 요정을 보는 관점이 유지되고 있었던 거죠. 이런 요정 문화가 가장 극적으로 표현된 것이 셰익스피어의『한여름 밤의 꿈』입니다.

셰익스피어는 종교, 국가, 언어와 상관없이 세계가 인정하는 문호입니다. 그런데 그런 문호가 요정이 떼로 등장하는 판타지 소설을 썼고, 이게 엄청난 명작이 되었습니다. 아테네의 귀족과 서민들, 그리고 요정이라는 3개의 세계가 숲에서 한데 모여 서로 친근한 관계를 맺는다는, 낭만적이고 몽환적(夢幻的)인 세계를 그린 이 16세기 작품은 셰익스피어의 상상력이 가장 잘 발휘된 작품으로 평가받고 있습니다.

생각해보면 이 작품은 도저히 프랑스나 독일과 같은 유럽 대륙 작가의 손에서는 나올 수 없었습니다. 만약 그랬다면 아마 마녀사냥의 광풍에 휩쓸려 셰익스피어도 별수 없이 불길 속에서 괴로워하며 생을 마감했을 것입니다. 정말 생각만 해도 끔찍한 세계 문화유산의 소실이었을 겁니다. 요정 이야기가 거의 소멸되었던 유럽 대륙에는 그림동화나 페로동화와 같이, 동화 또는 구전 민화의 형태로 마법이나 판타지의 명맥이 유지되기는 했지만 요정이 본격적으로 문학이나 예술의 핵심 캐릭터로 등장하기는 어려웠습니다.

혹시 누드를 맘껏 보고 싶어 요정 핑계를 댔던 건 아닐까 하는 의심도 드네요.

조셉 노엘 패톤Joseph Noel Paton의 작품 <요정의 왕 오베론과 여왕 티타니아(The Quarrel of Oberon and Titania, 1849)>

셰익스피어가 높은 수준의 작품 속 캐릭터로 올려놓은 요정들은 후세의 화가들에게도 많은 영향을 미쳐 일종의 요정 그리기 붐을 일으키기도 했습니다. 1787년에 전 런던시장이며 판화상이었던 존 보델John Boydell은 셰익스피어 갤러리를 만들어 당시 유명한 화가들에게 작품의 명장면을 판화로 그리게 했습니다. 덕분에 1790년, 작품 속에 나오는 '퍼크'는 조슈아 레이놀즈Joshua Reynolds에 의해, '티타니아와 보톰'은 헨리 퓨즐리Johann Heinrich Füssli 등에 의해 멋진 비주얼로 대중에게 알려지게 됩니다. 이후 런던의 로열 아카데미 전람회에는 요정을 그린 많은 걸작들이 출품되었고, 지금까지도 요정이 그려진 명화를 우리가 볼 수 있게 되었습니다.

헨리 퓨즐리의 작품 <티타니아와 보톰(Titania and Bottom), 1790년 추정>

셰익스피어의 뒤를 이어 조너선 스위프트Jonathan Swift가 1726년에 쓴 『걸리버 여행기』는 출간 3주 만에 1만 권이 팔리면서, 당시로는 엄청난 베스트셀러 기록을 남깁니다. 이 소설에는 소인(小人), 거인뿐만 아니라 인간처럼 생각하고 행동하는 말들도 나옵니다. 요정의 특징을 어느 정도 전수받은 캐릭터들입니다.

그리고 1865년 영국 옥스퍼드대학의 수학교수를 지낸 루이스 캐럴의 『이상한 나라의 엘리스』가 세상에 선을 보입니다. 주인공 앨리스는 토끼를 따라 이상한 나라로 들어가서 담배 피우는 애벌레, 가발 쓴 두꺼비, 체셔고양이와 이야기를 나누고 춤을 춥니다. 상상력으로 가득한 이 이야기는 지금까지도 많은 이들의 사랑을 받는 작품이 되었습니다.

『이상한 나라의 엘리스』가 나온 빅토리아 여왕의 시대(1819~

1901년)에는 산업혁명과 식민지 통치 등으로 윤택한 생활이 가능해진 중산층이 화려하고 낭만적인 취향의 문화를 추구하게 됩니다. 이는 '빅토리아풍'이라고 불리는 시대 스타일입니다. 그래서 장식이 과도하게 화려하거나 꽃이나 나비를 사실적으로 묘사하는 예술 스타일이 유행하였고, 중산층이 즐길 만한 오락물로 판타지 작품이 많이 등장하게 됩니다. 이 당시 영국에 요정이 등장하는 판타지 스토리가 많았다는 것은 당시 활약했던 삽화가 워윅 고블Warwick Goble의 작품을 보면 알 수 있습니다. 그는 요정이 등장하는 많은 삽화를 남겼는데, 요정 삽화가 많다는 것은 그만큼 영국 내에서 판타지 작품이 대중적으로 읽혔다는 것을 의미합니다.

왠지 판타지 애니메이션에 나오는 느낌이네요. 구텐베르그 프로젝트의 홈페이지(gutenberg.org/files/25564/25564-h/25564-h.htm)에 가면 동화와 함께 책에 실린 모든 삽화를 볼 수 있어요.

찰스 킹슬리Charles Kingsley의 판타지 동화책 『물의 아이들(The Water-Babies; A Fairy Tale for a Land-Baby)』에 수록된 워윅 고블의 요정 삽화들

그리고 이 흐름을 이어받아 빅토리아 시대가 끝을 고하던 1904년, 극작가인 제임스 배리 경Sir James Matthew Barrie의 『피터팬』이 나오면서 요정의 지위도 확고한 위치를 점하게 됩니다.

영국인의 요정사랑은 작품 속에서 끝나는 것이 아니었나 봅니다. 우리가 잘 아는 명탐정 셜록 홈즈를 탄생시킨 작가 아서 코난 도일Arthur Conan Doyle은 요정 오타쿠였습니다. 그리고 이 때문에 그는 소위 '코팅리 요정사건'에 휘말리면서 작가 인생에 오점을 남기게 됩니다.

1917년에 영국 요크셔 근교의 코팅리(Cottingley)라는 시골 마을에서 16세의 엘시 라이트와 그녀의 사촌인 10세의 프랜시스 그리피스는 요정과 함께 있는 사진을 찍어 세상에 퍼뜨렸습니다. 지금 보면 조잡한 합성 사진임에도 불구하고 이 사건이 수십 년 간 진실공방을 펼치게 된 것은, 평소 요정의 존재를 믿고 있었던 코난 도일과 함께 심리학의 창시자라 불리는 윌리엄 제임스William james, 탈륨Thallium을 발견한 과학자이자 옥스퍼드대학 교수인 윌리엄 크룩스 경Sir William Crookes 등의 유명인들이 이 사진을 진짜라며 요정의 실존을 이야기했기 때문입니다.

하얗게 보이는 것이 날개 달린 요정인데, 나름 애쓴 티가 나네요.

코팅리 요정사건 때의 가짜 사진

사실 코난 도일의 큰아버지인 리처드 도일Richard Doyle은 많은 요
정 그림을 그렸을 정도로 어렸을 때부터 요정에 심취해 있었고,
코난 도일 자신도 신비주의에 깊게 빠져 있었기 때문에 쉽게 거짓
을 구분하지 못했던 거죠. 심지어 그는 코팅리 요정사건의 합성
사진을 진짜라고 하는 논문을 게재하고 『요정의 출현』이라는 책
까지 썼습니다.

He finds her, and this is the consequence.

1870년 출간된 동화책 『In Fairy Land: A series of pictures from the
elf-world』에 수록된 리처드 도일의 삽화

이 사진은 결국 1978년 컴퓨터 분석을 통해 사진이 입체가 아
닌 평면이라는 것이 밝혀졌고, 1983년 할머니가 된 프랜시스가
잡지에서 오린 사진을 핀으로 고정하여 찍었다고 고백함으로써
일단락됩니다. 하지만 이 사건 덕분에 '날개가 달린 작은 인간'이
라는 요정의 이미지가 더욱 널리 퍼지게 됩니다. 어쩌면 1차 세계
대전의 상처로 마음 기댈 곳을 찾고 있던 사람들은 이것이 거짓
말일지라도 요정과 같은 환상을 믿고 싶었던 것이었는지도 모릅

니다.

요정의 신비주의에 빠져 있던 영국의 유명인은 또 있습니다. 1923년 노벨문학상을 받은 시인 윌리엄 버틀러 예이츠William Butler Yeats는『켈트의 여명: 신화와 민담과 판타지』라는 책을 썼을 뿐만 아니라, 영국 신비주의 비밀결사인 황금 여명회(The Hermetic Order of the Golden Dawn)의 멤버이기도 했습니다. 이 정도면 왠지 영국인의 요정사랑에 놀라움을 감추지 못하게 됩니다.

자, 정리해볼까요? 영국은 결국 켈트족 전통 문화의 영향, 대륙과 바다로 격리된 지형, 그리고 로마교회와의 결별 등으로 다른 유럽대륙 국가와는 다른 요정 문화가 남아 있었고, 셰익스피어를 비롯한 작가들에 의해 문학의 소재로 활용되고 대중적 작품으로 소비되면서 계속 생명력을 부여받아 오늘날 판타지 문학의 대국으로 이름을 떨치게 되었다고 할 수 있습니다. 물론 여기에는 다른 유럽 국가들보다 빠른 산업혁명과 제국주의로 여유 생활을 즐길 수 있는 중산층이 다수 출현한 것도 영향을 미칩니다.

영국이 요정 천국으로 판타지 대국이 된 데에는 헨리 8세라는 남자의 욕망이 듬뿍 담겨 있습니다. 표면적으로 대를 이을 아들이 없다는 이유로 이혼과 결혼을 반복했지만 실은 상당한 바람둥이였고, 6명의 왕비 중 2명을 처형하는 냉혈한 같은 면도 지니고 있었습니다. 만일 그가 자신의 욕망을 억누르고 그저 종교와 관습이 요구하는 대로 왕의 자리를 보전하고 있었다면 우리가 지금 즐기고 있는 판타지 작품은 태어나지 않았을 수도 있던 거죠.

아일랜드에는 이 외에도
'마녀 주의'와 같은
표지판도 있다고 해요.

아일랜드의 신발 요정인 레프리콘(Leprechaun)
을 주의하라는 도로표지판

　이렇게 생각하니 왠지 일본 또한 섬나라고, 비교적 전통 민간 신앙의 영향이 강하고, 게다가 요정이 등장하는 기담이나 괴담이 성행했으며, 서양문물을 빨리 받아들이고 제국주의로 나아갔다는 면에서 보면 영국과 비슷하네요. 그래서 그럴까요? 일본의 만화나 애니메이션에는 정말 많은 요정들이 등장합니다. 대표적인 만화로는 〈베르세르크〉, 애니메이션으로는 〈이웃집 토토로〉가 있겠네요.

　판타지 문학의 선두주자인 영국과, 판타지 만화와 애니메이션의 선두주자라 할 수 있는 일본의 유사성이 어쩌면 우연이 아닐 수도 있겠다는 생각이 들지는 않나요? 게다가 영국과 다시 해협을 사이로 두고 있는 아일랜드는 영국보다 더욱 찬란한 요정의 천국이었고, 중세의 마녀사냥마저도 전혀 발을 들이지 못할 정도였다고 하니, 섬이라는 지형이 요정에게는 어느 무엇보다 튼튼한 요새였는지도 모릅니다.

참, 마지막으로 요정 이야기 하나 더! 커피전문점 스타벅스 로고에 쓰이는 두개의 꼬리지느러미 인어도 사실은 강이나 바다의 요정인 세이렌의 피를 이어받은 것입니다. 꼬리지느러미가 하나만 있던 인어도 핍박을 받긴 했지만, 기독교의 영향으로 두 꼬리지느러미 인어는 음란한 괴물로까지 격하되었다고 합니다. 이유요? 인간으로 치면 다리에 해당하는 꼬리지느러미가 양쪽으로 벌려져 있어서 음란해 보였답니다.

1971년 테리 헤클러Terry Heckler가 처음 디자인한 스타벅스의 로고는 신화 속의 주인공 세이렌을 사실적으로 묘사했는데, 너무 노골적으로 가슴을 드러내고 다리를 벌리고 있다는 이유로 1987년에는 머리로 가슴을 가렸고, 꼬리(다리)가 벌려지는 형상 또한 모호하게 처리되었습니다. 그럼에도 계속 노출 문제로 변형이 이루어졌습니다. 요정은 종교적인 이유뿐만 아니라 비즈니스의 이유로도 자신의 정체성을 위협받는 모양입니다.

남자의
욕망,
콘텐츠
컬렉터의
심리

시청자가 출연해서 자신의 고민을 이야기하고 평가
받는 TV프로그램이 있습니다. 이 프로그램의 단골 소재 중 하나
가 바로 '우리 남편(남자친구 또는 아버지)은 자꾸만 모아대요. 미치
겠어요!'입니다. 이 골칫덩어리 문제아로 소개되는 남자들은 여성
의 입장에서 보면 쓸데없는 것을 자꾸 모읍니다. 모으는 데 돈을
쓰고, 장식하느라 가뜩이나 좁아터진 집을 더 좁게 만듭니다. 그
래서 고발자인 여성들은 입을 모아 말하죠. 자신만의 쾌락을 위해
가족의 행복에 투자해야 할 돈과 공간을 낭비하고 있다고 말이죠.
여기에 남성들은 이렇게 반발합니다.

"저는 술도 담배도 안 합니다. 돈도 아껴 쓰고요. 그러니 제 자신의 만족감을 위해서 그 정도는 인정해줘야 한다고 생각합니다."

남성들은 나름대로 열심히 합리화해보지만 많은 방청객과 시청자는 싸늘한 시선으로 '이 사람 미친 거 아냐?' 하는 얼굴을 하고 있습니다. 하지만 이 같은 출연자의 사연을 보면서 싸늘한 시선이 아닌, 부러움의 시선으로 TV 속 화면에 비친 피규어 하나하나, 건담 한 기 한 기에 눈을 떼지 못하는 사람들이 있습니다. '미쳤다니, 뭔 소리야! 엄청난 일을 해낸 사람이구만'이라면서요. 이런 반응을 보이는 사람은 대부분이 오타쿠나 마니아, 키덜트라 불리는 이들입니다. 건담이든, 만화든, 게임이든, 캐릭터 인형이든 어떤 콘텐츠 하나에 꽂혀서 정신 못 차리는 사람들 말입니다.

이들은 단순히 보고 만지고 즐기는 차원을 넘어서 돈이 되는 대로 자신이 좋아하는 것을 사서 모으는 경향이 있습니다. 주변사람이 보기에는 죽기 살기로 물건을 모으는 것처럼 보이기도 하고요. 그래서 물건에 집착하는 사람이라는 눈총도 받습니다.

하지만 글쎄요. 물건에 집착해서 사서 모으는 것이 남자들만의 치기어린 행동일까요? 남편들이 피규어와 건담 프라모델을 모을 때, 여자들은 가방, 옷, 액세서리 등을 모으지 않나요? 그래서 남자의 수집 욕망을 살펴보기 전에 무언가를 모은다는 게 도대체 뭔지 살펴볼 필요가 있습니다.

무언가를 모으는 행위인 '수집하기'는 아주 오랜 옛날부터 있었던 인류의 보편적인 행위입니다. 돈 있는 사람은 금은보화나 비싼 예술품을 모았습니다. 얼마 전까지만 해도 우표나 동전 같은 소소한 것이 서민들의 대표적인 수집물이었죠. 아이들은 게임팩을 모으는 데 혈안이기도 했습니다. 물론 미술관이나 박물관도 소장해야 할 것들을 수집합니다. 잘 보면 수집가, 컬렉터들은 아무거나 모으는 것이 아닙니다. 모으는 사람은 그것이 가치 있다고 생각하고 있습니다. 그러니까 이 문제는 '어떠한 대상을 가치 있게 보느냐, 아니냐'의 문제입니다.

얼마 전까지만 해도 아이들에게는 게임팩이 소중했지만 어른들은 그것에 가치를 부여하지 않았습니다. 그래서 아이에게는 게임팩이 수집품이 되었고 관심 없는 어른들은 그걸 쓰레기로 취급했죠. 슈퍼히어로 피규어를 모으는 남편의 눈에는 하나하나가 세상에서 가장 소중하고 가치 있는 것이지만, 부인에게는 쓸모없는 잡동사니의 무더기일 뿐입니다. 그리고 보면 수집한 물건, 소장품 자체를 뜻하기도 하고, 수집하는 행위를 뜻하기도 하는 컬렉션(collection)의 가장 큰 목적은 가치 있다고 여기는 것을 자기 소유로 만드는 것, 그리고 그 소유물을 보여주는 것이라고 할 수 있습니다.

진화심리학에서는 이런 모으기가 아주 오랜 원시시대, 인간이 생명유지에 필요한 것을 일단 안전하게 내 것으로 확보해두기 시작했던 본능에서 기인한다고 보기도 합니다. '언젠가 쓸모 있을 테니 손에 넣을 수 있을 때 모아두자' 뭐 이런 마음에서 출발했다고 보는 거죠. 마치 동물들이 먹이를 확보할 수 있을 때 잔뜩 모아 땅을 파고 숨겨놓았다가 나중에 필요할 때 꺼내어 먹는 것과도 유사합니다. 그러나 이런 설명은 자금만 충분히 주어진다면 얼마든지 시장에서 거래를 통해 손에 넣을 수 있는 요즘의 컬렉션과는 거리가 있으니 딱 와 닿지는 않네요. 여기서는 그저 '저장 본능'이 컬렉션의 출발선이 될 수도 있다는 정도로 이해하고 넘어가도록 합시다.

또 하나의 설명은 원시시대부터 '봐라. 내가 얼마나 멋진 사냥꾼인지!'를 과시하기 위해 사냥감이나 동물의 뼈 등을 과시물로 장식했던 것에서 남성의 컬렉션이 유래된 것이라는 견해입니다. 여기에는 전쟁에서 전리품을 가져와 장식하는 것도 포함됩니다. 현재는 경기에서 우승한 사람에게 주어지는 트로피(trophy)의 유래도 원래는 전리품을 모아놓은 것이었습니다. 부족 간의 전투에서 상대방 전사의 두부(頭部) 또는 신체 일부를 가져와 걸어두거나, 임진왜란 때 일본군이 전공의 표식으로 우리 군사와 백성의 코, 귀를 잘라 소금에 절여 가져간 것도 일종의 전리품을 과시하기 위한 컬렉션이라고 할 수 있습니다.

이런 전리품이나 사냥의 흔적을 과시적으로 모으는 것은 자신이 대단한 일을 했다는 것을 보여주기 위함입니다. 적에게는 상당한 위압감을 느끼게 하고, 동료들에게는 존경을 한 몸에 받게 만들어주며, 마음에 드는 여성에게는 '저 남자는 가족을 굶기지 않겠고 쉽게 죽지는 않겠어'라는 식으로 여러 방면에서 좋은 평가를 받을 수 있던 방법이었습니다. 이와 유사한 맥락으로 남성이 무기류를 수집하는 이유는 사냥이나 전투의 도구를 다양하게 갖추면 갖출수록 다른 사람보다 훌륭하게 일을 처리할 수 있었기 때문이기도 합니다. 사냥과 전투의 결과물이 아니라, 사냥과 전투의 도구도 남자에게는 수집의 대상이 되었다는 설명입니다.

이 전리품설과 도구설은 모두 남성의 전투적이고 경쟁적인 측면을 부각시킨 면이 있습니다. 아마도 오랜 인류의 역사 속에서 그렇게 하지 않으면 살아남을 수 없었던 남성의 슬픈 생존 방식에서 비롯된 것일지도 모르겠습니다.

여성들도 물론 물건을 모읍니다. 어려서부터 머리핀 같은 액세서리를 모으고, 그러다가 인형, 예쁜 편지지, 필기도구로 발전하게 됩니다. 이제 어엿한 여성으로 자라나서 연애를 하게 되면 구두, 가방 등의 패션으로 발전하죠. 남자들은 결혼하면 이해하기 힘든 아내의 모습을 발견하게 됩니다. 옷장에 옷이 가득한데도 '입고 나갈 옷이 없어!'랍니다. 화장품도, 구두도, 액세서리도 마찬가집니다. 철마다 두세 벌의 옷을 돌려 입으면서도 그다지 불만이 없는 남편 입장에서는 이해가 안 되는 장면입니다. 키티(Kitty)가 그려진 거라며 장갑, 양말 같은 거에 사족을 못 쓰며 지갑을 엽니다. 심지어 아무 것도 모르는 딸아이 핑계를 대가면서 컬렉션을 하는 경우도 있습니다.

구두수집 여왕으로 알려진 미국 프로 포커 게임 선수인 베스 샤크Beth Shak는 한쪽 벽면을 가득 메운 세 개의 수납장에 무려 1,200

켤레가 넘는 구두를 진열해놓아 화제가 되기도 했습니다. 그녀의 구두 컬렉션에 든 총 비용이 대략 50만 달러(당시 약 5억 6,400만 원)라니 정말 대단합니다. 하지만 이를 능가하는 여인이 있으니, 전 필리핀 대통령 마르코스의 부인이었던 이멜다Imelda Marcos입니다. 그녀는 영부인 시절 명품 구두 2천 2백 켤레, 수백 벌의 의상, 최고가 파티용 장갑 68켤레, 각종 유명브랜드의 팬티 3천 5백 장, 가운 2천 벌, 검은색 브래지어 5백 개, 가발 30개 등을 컬렉션했다고 합니다. 이 덕분에 그녀는 사치의 대명사가 되었죠.

위의 두 여성은 조금 지나친 경우지만, 여성은 '귀여워서, 예뻐서'라는 이유로 '패션이나 미용'과 관련된 물건을 모으는 경우가 많습니다. 이런 컬렉션은 일상생활에서 실제로 사용하는 것들이 대부분입니다. 옷이나 가방, 구두, 액세서리 등은 보고 즐기기 위한 게 아니라, 그녀들에게는 실용적인 것들입니다. 그리고 이걸 입고, 신고, 걸고, 차고 나가서 사람들에게 보여주기 위한 '과시적 욕구'가 원동력이 되는 경우가 대부분이죠. 그러니 단순히 모으는 행위 그 자체에 쾌감을 느끼는 남성의 컬렉션과는 조금 다르다고 볼 수 있습니다. 여성들의 컬렉션 아이템은 한마디로 '나를 연출하기 위한 도구'인 셈이니까요.

남자들도 시계, 모자, 선글라스 등을 모읍니다. 자기 연출의 목적이 없는 것은 아니죠. 하지만 관심 있게 보아야 할 건 프라모델, 만화, 레고, 베어블릭, 피규어 등을 모으는 남성들의 마음입니다. 재미있는 건 시계나 스니커, 모자와 같은 경우 패션 관련 용품도 실제로 쓸 것과 보관용, 이렇게 두 개를 사서 컬렉션하는 남성들이 있다는 사실입니다. 확실히 실용성을 추구하는 여성과는 다른 모습입니다.

'아! 이런 것들은 모아두면 미술품처럼 가치가 상승하니까 그런가 보다'라고 생각하는 분들도 있습니다. 물론 그런 목적으로 모으는 사람도 있겠죠. 하지만 대부분의 남성 컬렉터는 자신이 어렵게 모은 컬렉션을 판매하려는 마음은 별로 없습니다. 처음부터 재테크용으로 모은 것이 아니라면 말입니다. 사람들은 이런 모습들을 보고 그냥 쉽게 '남자는 아무리 나이가 들어도 어린아이 같아서'라는 한 마디로 정리해버립니다. 그래서 마니아나 오타쿠를 '아이들 같은 감성과 취향을 지닌 어른'이라는 의미의 키덜트로 보기도 하죠.

남자들의 이런 유아적인 수집성향을 좀 더 심리학적인 말로 표현하려는 사람들은 때때로 '남성들의 현실도피적 성향'을 그 이유로 듭니다. 돈을 벌어야 하고, 출세를 해야 하고, 경쟁을 해야 하는 지긋지긋한 현실을 벗어나고 싶어서 무언가에 빠지기를 원한다는 거죠. 술 마시고, 도박하고, 담배피고, 게임하고 하는 식의 중독적 성향이 남자들에게 두드러지게 나타난다는 것과도 연결을 시킵니다. 다른 중독과 동일하게 모으기 중독에 빠졌다는 설명입니다. 아마도 이런 설명이 받아들여지게 된 건 은둔형 외톨이의 이미지를 지닌 오타쿠의 영향 때문일 겁니다. 현실에서 격리되어 자신의 세계를 추구하는, 골방에 틀어박힌 중독자들이라는 이미지의 그들 말입니다.

현대 남성의 컬렉션 욕망의 심리학적 설명에는 물론 정답이 없습니다. 그저 '그럴 것이다'라는 가설만 존재할 뿐이죠. 하지만 몇 마디 덧붙이자면 적어도 현재 국내에서 컬렉션을 하시는 분들을 보면 현실도피적 욕구보다는 자기표현적 욕구가 더 강한 것 같습니다. 컬렉터로 유명한 일부 연예인은 자기를 표현하는 도구로 컬렉션을 사용하고, 스스로 컬렉터라는 정체성을 즐기고, 많은 사람들 앞에 자랑스럽게 드러냅니다. 그러니 남성의 컬렉션을 어린아이로 남아 있고 싶어 하는 욕구인 '피터팬 증후군(Peter Pan Syndrome)'이라고 설명하는 것에는 한계가 있습니다.

자, 그럼 일상생활에서 사용하지도 않는 콘텐츠 관련 물건을 왜 남자들은 자꾸 모아대는 걸까요? 그것도 왜 마지막 하나까지 그렇게 기를 쓰고 모아야 직성이 풀리는 걸까요? 여자친구나 가족들도 이해해주지 못할 정도로 말이죠.

먼저 그들은 완벽함을 추구하는 모으기 욕망을 지니고 있습니다. 예를 들어 24개가 세트인 컬렉션이 있는데 23개까지 모았다고 한다면 남자는 나머지 한 개를 모으는 데 목숨을 겁니다. 한 개가 남은 상황. 이건 마치 슈팅 게임에서 보스몬스터를 거의 다 죽였는데 결국 마지막 결정타를 날리지 못한 상태에서 게임이 오버될까 봐 초조해하는 마음이라 보면 됩니다. 게다가 동전은 이제 다 써서 없는 상황입니다. 'Mission Complete'라고 임무가 완수되었다는 알림이 뜨기 전까지는 전투모드를 해제해서는 안 되는 남자들의 안쓰러운 모습 같기도 하네요. 하지만 완수했을 때의 그 쾌감은 이루 말할 수 없을 만큼 벅찹니다. 원시시대부터 지금까지 남성들은 이 성취감을 가장 높은 가치로 삼았는지도 모릅니다.

이 남성 컬렉터의 완벽주의는 자신만의 세계를 구축하려는 심리도 한몫 거들면서 더 강해집니다. 남자들은 흔히 '자신의 성'을 쌓고 이를 자신의 영토로 삼는 성향이 있다고 합니다. 그래서 어렸을 때는 비밀기지도 만들고 다른 사람들은 모르는 세상이 있다고 혼자서 상상을 하곤 하죠. 자신의 세계는 현실세계와는 별도의 세계이기 때문에, 그 세계에 들어와 있는 동안은 현실을 잊어버릴 수 있습니다. 이런 점에서는 약간 현실도피적인 감도 있지만 도피보다는 공존을 추구한다고 보는 편이 좋습니다. 다시 말해 현실세계의 아픔을 위안 받고 힘을 재충전하는 '안식처이면서 충전소'인 셈입니다. 남성 컬렉터는 건담 프라모델을 만지면서, 레고를 쌓으면서, 책장 가득 꽂힌 만화 책을 뒤적이면서 자신만의 세계를 구축했다는 느낌과 함께 이 세계를 더 완벽한 세계로 만들고 싶은 욕심을 느낍니다.

남성 컬렉터의 두 번째 심리는 우월감입니다. 앞에서 남성의 컬렉션의 출발이 경쟁에 있다는 진화심리학적 이야기를 했습니다. 여성을 두고, 먹잇감을 두고, 땅덩어리를 두고 남성들은 끊임없이 경쟁하며 살아왔죠. 그러니 만일 건담 프라모델 컬렉션이라는 취미가 같다고 해도 다른 컬렉터들이 가지고 있지 않은 희귀한 것, 즉 희소성이 있는 레어템(rare item)을 손에 넣고 싶어 합니다. 경쟁에서의 우월감을 맛보고 싶어 하는 거죠. 고민상담 TV 프로그램에 나온 건담 컬렉터 남편 이야기의 댓글에 누군가 "저건 다 싸구려. 후진 종류만 모았네"라며 썼던 건 경쟁심의 발로에서일 겁니다. 특히 이 우월감 때문에 내가 가지지 못한 것을 채우기 위해서는 정상가격보다 몇 배의 금액을 지불하고도 손에 넣으려는 욕망에 휘둘리게 됩니다.

세 번째 심리는 세상에 대한 통제력을 언제나 확인하고 싶은 마음입니다. 선사시대 이후 인간이 끊임없이 추구해왔던 것이 바로 통제력입니다. 가뭄, 홍수, 지진 같은 자연환경을 통제하기 위해 자연을 공부하고 댐을 만들고 기후와 지구를 관찰하고 측정합니다. 질병, 죽음, 싸움 등을 통제하고 싶어서 인간을 연구하고 약을 만들고 의료기술을 발전시킵니다. 인간은 통제하지 못하는 것을 통제(컨트롤)하고 싶어서 지식과 과학을 발전시켰다고 할 수 있죠.

하지만 우리가 사는 현실은 아무리 과학이, 지식이 발전했다 해도 내가 통제할 수 있는 것은 한계가 있고 대부분은 개인이 통제하기 힘듭니다. 상사의 잔소리, 대출금, 시험성적, 어머니와 아내의 음식 솜씨를 자신이 통제할 순 없죠. 거꾸로 현실은 마치 자신이 타인과 세상에 의해서 통제 당하고 있다는 느낌을 줍니다. 게다가 현실에서 느끼는 통제력 부재는 무력감도 가져다줍니다.

남성들은 컬렉션을 통해 자신이 세상을 통제하고 있다는 기분을 맛볼 수 있습니다. 건담 프라모델은 누가 사라고 강요해서가 아니라, 스스로 '내가 좋아서, 비싸도 갖고 싶어서, 누가 뭐라도 내가 원하는 거니까!'를 외치며 사는 아이템입니다. 그리고 그렇게 산 건담 프라모델은 그야말로 그 누구의 것도 아닌 오롯이 자신의 소유물입니다. 그러니 내가 어떤 색을 칠하던, 부품을 마음대로 바꾸던 오케이입니다.

생산업체나 수공업자들이 고객의 요구에 따라 제품을 만들어 주는 일종의 맞춤제작 서비스를 '주문 제작하다'라는 뜻에서 '커스터마이징(customizing)이라고 합니다. 1990년대 이후 일대일 마케팅이나 맞춤형 상품이나 서비스 등으로 많이 알려진 말이기도 합니다. 남성 컬렉터는 그냥 주어진 물건을 사서 모으는 것이 아니라, 칠하고 꾸미고 조합하여 스스로 새로운 물품으로 재탄생시킵니다. 세상에 하나밖에 없는 나만의 커스터마이징을 하는 셈이죠. 이는 물건에 대한 통제력이 타인 또는 시장에 있는 것이 아니라, 컬렉터인 소비자 개인에게 있다는 뜻입니다. 통제력은 여성보다는 남성이 강하게 지니고 있는 욕망입니다. 그런 의미에서 컬렉션은 남성에게 '아직도 당신은 많은 통제력을 가지고 있는 멋진 놈이야'라고 말해주는 물건입니다.

이렇게 다양한 심리가 남성 컬렉터의 마음에 있었다는 것을 알았다면 이제 조금은 컬렉터를 이해할 수 있는 기반이 마련된 셈입니다. 그들에게 컬렉션은 그저 단순한 물건이 아니라 지나간 시간이고, 발자취이고, 행동의 축적이고, 땀과 눈물의 집합체입니다. 그들은 정말 열심히 모읍니다. 그래서 남성 컬렉터들에게 수집이란 지나온 자신의 시간을 담아두는 도구입니다. 한마디로 역사인 셈이죠. 여성에게도 수집이 역사와 시간을 의미합니다. 어린 시절 가지고 놀던 인형을 소중히 모아두곤 하니까요. 그러나 남성 컬렉터들과는 다르게 그 손때 묻은 그 인형 이외에 것을 모으려고 하는 동기가 강하진 않죠. 곰 봉제인형을 어렸을 때 가지고 놀았다고 나중에 어른이 되어 곰 봉제인형을 죄다 사 모으지는 않으니까요.

남성 컬렉터들은 자신이 어린 시절 즐겨했던 것, 재미있었던 것, 그리고 그것들과 같이 보냈던 시간을 되돌아보기 위해 수집을 합니다. 과거라는 시간의 수집인 셈입니다. 자신의 손때가 직접 묻지 않아도 그와 관련이 있으면 열심히 모읍니다. 왜냐하면 물건을 모으는 과정 그 자체가 즐겁기 때문입니다. 남자에게 수집은 과정의 쫄깃한 쾌감을 맛보게 해줍니다. 어렵게 모으면 모을수록 그 수집품에 감격하고, 거기에 스토리를 붙이고, 그 스토리를 통해 뿌듯해합니다. 그러니 스토리가 없고, 땀과 눈물이 없는 수집은 남성 컬렉터에게는 그저 속된 말로 '돈지랄'일 뿐입니다. 경매에서 엄청난 돈을 치루고 물건을 손을 넣었다는 건 그다지 콘텐츠 컬렉터 입장에서는 박수 받을 만한 일이 아닙니다.

그들은 하나의 물건을 손에 넣기 위해 여기저기 발품을 팔고, 인터넷을 뒤지고, 수소문을 하고, 조금 더 싸고 좋은 물건이 없는지 찾아 헤매면서 컬렉션이 하나하나 쌓여나가는 것을 보고 싶어 합니다. 그래서 자신의 컬렉션을 보면서 '이건 이러이러한 고생을 했고, 저건 저러저러한 뒷이야기가 있어'라며 이야기하는 것을 즐깁니다. 하나의 물건마다 하나의 이야기가 담겨 있는 거죠. 하지만 그런 컬렉션의 마음을 모르는 사람들은 다짜고짜 묻죠.

"아니 그건 됐고, 근데 이거 얼마나 하는데?"

시간을 돈으로 환산하고, 자기 스토리의 가치를 숫자로 바꾸고, 땀과 눈물의 무게를 저울에 올려놓는 것은 불가능합니다. 그래서 어떤 컬렉터들은 자신의 컬렉션을 그런 숫자로 이야기하지 않는 사람들에게만 보여주고 싶어 하죠. 이런 반응을 바라면서요.

"와~ 이거 모으실 때 엄청 힘드셨을 텐데. 넘 부럽네요. 전 님처럼 하려면 아직 멀었네요."

과정이 힘들수록 컬렉션의 쾌감은 더 커집니다. 그리고 그 고생담을 나누고 싶어서 남성들은 컬렉션에 빠집니다. 컬렉션은 한 사람의 지나온 역사이고, 지나온 시간의 증명들입니다. 그러니 소중하지 않을 수 없죠. 또 그렇기 때문에 그만둘 수가 없습니다. 지금의 시간, 미래의 시간도 언젠가는 과거가 되기 때문에, 그 때 그 시간을 돌아볼 수 있는 증거들을 남겨두고 싶어 하기 때문입니다. 그러니 이제 콘텐츠 컬렉션에 빠져 있는 남성을 보면 조금은 다가가는 마음으로 이해해주셨으면 합니다. 그도 열심히 지금이라는 시간을 살아가는 중이니까요.

PART 04

발칙한
상상

" 우리가 살고 있는 현재를 바라봅시다. "

스마트폰, 무인 자동차, 인간형 로봇, 드론과 같은 첨단 과학의 산물은 물론, 초고층 빌딩, 자동차, 비행기와 같은 100여 년 전만 해도 상상할 수 없는 것들로 가득 차 있습니다. 그러나 엄밀히 말하면, 그 누군가는 오늘날의 이런 모습을 꿈꿔왔을 것입니다. 그렇기 때문에 현실로 구현되었겠지요. 그래서 이렇게 말할 수 있습니다. "현재는 과거의 상상물이고, 미래는 바로 현재의 상상물이다"라고요.

인간은 상상을 하지 않고서는 살아갈 수 없습니다. 지금의 힘든 시간을 참아가며 성공한 모습을 상상하는 젊은이들에게 '상상'은 그 어떤 피로회복제보다 좋은 보약이 됩니다. 병상에 누워 있는 환자는 저 창문너머 자신의 건강한 모습을 상상하는 것이 무엇보다 큰 힘이 됩니다. 가족을 위해 밤낮으로 고생하는 부모는 자식이 잘 되는 상상이 가장 큰 행복입니다. 상상은 무엇보다도 우리를 미래로, 행복으로 이끄는 원동력이기도 합니다.

플라시보 효과(Placebo Effect)라는 말이 있습니다. 약효가 전혀 없는 가짜 약을 진짜 약으로 속이고 환자에게 복용하도록 했을 때 환자의 병세가 호전되는 효과를 말하는, 일종의 위약효과입니다. 이와 반대의 효과가 노시보 효과(Nocebo Effect)입니다. 진짜 약을 줘도 환자가 효과가 없다고 생각하면 약효가 나타나지 않는 현상을 말합니다. 플라시보와 노시보 효과는 모두 상상의 결과물입니다. 좋을 것 또는 나쁠 것이라고 상상하고 믿게 되면 정말로 그렇게 이루어지는 것이죠.

"'미리 보는 미래'의 역할을
담당하는 상상의 힘은
새로운 것을 만들어내는 힘인
창의력과 연결됩니다."

　　창의성이나 창조력을 말하는 사람들은 하나같이 입을 모아 '상상력이야말로 세상 모든 창조와 창의의 근본이다'라고 말합니다. 그런데 재미있는 점은 성인보다는 아동이 더 큰 상상력을 발휘한다는 점입니다.

　　아동의 창의성을 연구했던 심리학자 비고츠키Lev Semenovich Vygotsky는 상상력은 현실경험과 밀접하게 관련되어 있고, 창의적 활동의 근간이 된다고 주장했습니다. 그는 대부분 사람들의 상상력은 어렸을 때 시작해서 급격히 발달하다가 성인 초기에 가장 정점에 다다르고 그 후에는 단조로운 일상생활에 적응해가면서 감퇴한다고 생각했습니다. 피카소Pablo Picasso조차도 성인이 되고 나서 창의성을 유지하는 게 얼마나 어려운지를 다음과 같이 토로했습니다.

그래서인지 아이들이 보는 만화나 애니메이션에는 기발한 상상의 산물들이 넘쳐납니다. 주전자와 프라이팬이 결합하여 로봇이 되고, 요괴가 나타나서 마을 사람을 괴롭히고, 찐빵이나 식빵이 말도 하고 날아다니면서 지구를 구합니다. 아이들이 좋아하는 판타지나 동화도 마찬가지입니다. 온갖 상상 속의 동물이 나오고, 현실세계와 다른 세계가 존재합니다.

상상력과 창의력을 강조하는 창조경제의 시대라서 그럴까요? 만화, 애니메이션뿐만 아니라 영화나 소설, 드라마, 뮤지컬도 상상을 하라고 큰 소리로 외칩니다. 신문의 경제면을 보면 상상력이 뒤지는 사람은 다음 세대의 스마트폰도, 자동차도, 시계도, 안경도 못 만들어내고 산업계에서 도태될 것이라고 협박합니다. 이렇게 상상경쟁의 시대가 되다 보니 이제는 얼마나 특이한 상상을 하는가가 중요해졌습니다. 100명 중 99명이 할 수 있는 상상이라면 이제 그건 상상도 아닌 그저 단순한 의견입니다. 100명 중 단 한사람, 나만 할 수 있는 1퍼센트의 상상. 세상은 모두 이걸 요구합니다. 그러면서 더욱 차별적으로, 더욱 발칙하게 상상하도록 부추깁니다.

그러니 부모가, 타인이, 사회가, 세상이 이래라 저래라 참견하면서 자신의 행동과 생각을 제한하지 않던, 그런 어린 시절로 모두가 돌아가는 수밖에 없습니다. 마음껏 놀아도 뭐라 하지 않았고, 엄청 먹어대도 '아이고 먹는 게 참 예쁘네'라고 칭찬을 받았고, 옆집 여자 아이에게 마구 뽀뽀를 해대도 그저 사랑스러운 눈으로 바라봐주던 그 시절. 그 시절에는 상상의 한계가 없었으니까요.

'넌 뭐가 되고 싶어?'라는 질문에 아이가 로봇이나 토끼라고 대답한다고 해도, 아이의 정체성 혼란을 걱정하는 부모는 없습니다. '이담에 엄마랑 결혼할 거야'라고 했다고 해서 오이디푸스 콤플렉스로 이 아이의 정신상태가 혹시 문제가 되는 건 아닐까 걱정하는 시선도 없습니다. 기저귀의 응가를 손으로 찍어 입에 가져간다고 해서 아이의 정신감정을 의뢰하려고 하진 않습니다. 아이들은 그야말로 자신이 그린 상상을 현실이라고 받아들이는 능력을 갖고 태어났을 뿐이고, 우리도 그것을 잘 알고 있기 때문입니다.

> " 아이들은 상상력을
> 제한하는 가장 무서운 눈인
> '세상의 시선'을 의식하지 않습니다.
> 그래서 자유로운 생각이 가능합니다. "

전능한 자기 자신의 눈만으로 세상을 바라보기 때문이죠. '금지의 시선'도 의식하지 않습니다. 그래서 자신의 욕망을 억제할 필요도 없습니다. 자유롭게 욕망하고 자유롭게 상상하기. 이것이 아이들이 지닌 가장 큰 권력이기도 합니다.

우리 모두는 그 시절을 그리워합니다. 동시에 자유롭게 욕망하고 자유롭게 상상하기 위해서 이런 저런 노력을 기울입니다. 그저 단순히 머릿속의 생각만으로도 행복했던 어린 시절은 이미 지났음을 알기 때문이죠. 그래서 자동차가 로봇으로 바뀌고, 토끼가 말을 하고, 요정이 튀어나오고, 외계인이 침공하는 콘텐츠를, 어마어마한 돈을 들여 만들고, 돈과 시간을 들여서 즐기면서 감각적으로 체험하고자 합니다.

콘텐츠는 이처럼 상상의 결과물이자, 또 다른 상상을 이끌어내는 자극물이 되었습니다. 하지만 여전히 상상경쟁에서 우위에 서려고 하는 노력은 크게 성과를 내지 못하고 있습니다. 언제부턴가 나의 눈이 아닌 사회가 가져다준 눈으로 세상을 보고, 나의 목소리가 아닌 타인의 목소리로 마음에 명령을 내려왔으니까요. 그것도 한참 전에 말입니다.

이제는 눌렀던 욕망을 풀고, 금기는 내려놓고 자유롭게 상상해보도록 합시다. 그 상상의 힘이 지금 나에게도 남아 있는지를 확인해보면서요.

의인화의
상상,
넌
어디까지
가봤니?

2013년 초, 일본에는 작은 화젯거리가 하나 있었습니다. 헬로 키티(Hello Kitty)의 산리오(Sanrio)사는 일본과 스페인 교류 400주년을 기념해서 스페인의 대표적인 그래픽 아티스트인 하비에르 마리스칼Javier Mariscal과 공동 작업한 키티의 캐릭터 디자인을 발표했습니다. 뭐 이 정도의 뉴스야 키티가 이제 세계적인 캐릭터 상품으로 자리 잡았다는 이야기이니 크게 화제가 될 건 없지만, 키티 마니아들은 키티의 정체성이 훼손되었다며 분노를 하였습니다. 어떤 이유에서였을까요?

바로 하비에르 마리스칼의 키티 디자인에 입이 그려져 있었기 때문입니다.

원본 그대로 살리긴 좀 그래서 살짝 바꿔서 그려봤어요. 이상한 부분을 찾아보세요.

입이 없는 오리지널 키티와 입이 있는 키티

키티는 물론 고양이를 의인화한 캐릭터입니다. 그래서 인간처럼 행동하죠. 문제는 원래 키티 캐릭터 디자인에는 입이 없다는 점이었어요. 그런데 애니메이션에서 키티는 입이 없어도 말을 하고 음식도 먹어요. 또 지하철 스크린에 키티가 나와서 안내방송을 하기도 했답니다.

하비에르 마리스칼은 입을 그려 넣은 이유에 대해 정확한 설명을 하지 않았습니다. 이 때문에 일부에서는 '입이 아니라 입처럼 보이는 디자인 요소다, 고정관념을 파괴하는 그의 디자인 스타일에서 비롯된 것이다'라는 등등의 여러 해석이 나왔죠.

그러나 어쩌면 의인화된 캐릭터에 입이 없다는 건 이상하다는, 매우 합리적이고 논리적인 사고에 의한 것일 수도 있습니다. 합리주의적인 유럽인의 입장에서 보면 입이 없는데 먹고, 말하는 의인화된 캐릭터는 납득이 가지 않겠죠. 산리오가 의도한 원래 키티 캐릭터의 설정도 먹고, 말하는 캐릭터로 되어 있습니다. 하지만 굳이 입을 그려 넣지는 않았죠. 산리오사는 이에 대해 "입은 소비자가 자기 마음대로 그려 넣었으면 했다"고 합니다. 그래서 산리오도 처음 하비에르 마리스칼의 캐릭터 디자인이 나왔을 때 살짝 당황했다고 하네요. 뭐 워낙 세계적인 디자인이니 그의 감각을 존중했다고는 하지만요. 하지만 그래서일까요? 기본으로 제시되었던 총 6개의 캐릭터 디자인 중에 4개는 입이 있고, 2개는 없는 것으로 되어 있습니다.

인간의 속성을 인간 이외의 사물, 동식물과 같은 생물, 그리고 바위, 물과 같은 무생물, 더 넓게는 행복, 사랑, 수학, 과학 등의 추상적 개념에까지 적용시키는 것을 의인화라고 합니다. 그런데 하비에르 마리스칼의 키티처럼 인간의 속성을 충실히 반영하는 의인화도 있고, 산리오사의 키티처럼 그렇지 않은 경우도 있습니다. 어차피 의인화란 우리의 상상력에 의해 만들어진 것이니 굳이 입이 없다고 해서 소리를 내지 못한다는 과학적 근거가 있어야 할 필요는 없기 때문이죠.

의인화의 시작은 아마도 생명이 없는 것에 인격을 부여하여 세상 모든 것을 생각하게 된 원시시대로 거슬러 올라가야 합니다. 시도 때도 없이 터지는 화산, 갑자기 쏟아 붓는 빗줄기, 하늘이 깨질 것 같은 번개와 천둥처럼 인간은 자신이 통제할 수 없는 자연, 그러니까 산, 숲, 식물, 동물, 화산, 홍수, 가뭄, 해, 달, 별 등의 움직임을 알고 싶었겠죠. 이걸 알아야 어떻게 하면 여기에 대비해서 살아갈까 하고 나름의 준비를 할 수도 있었을 테고요.

　가장 쉬운 방법은 '화산은 산이 노해서 불을 토해내는 것, 해일은 바다가 성을 내서 높은 파도를 만들어내는 것'이라고 생각하는 것입니다. '화남 → 피해를 줌'이라는 공식은 정말 쉬운 연결이니까요. 그런데 문제는 '무엇 때문에 자연이 화가 났을까?'라는 점입니다. 그걸 모르겠으니 열심히 생각들을 했을 겁니다. 그래서 뭔가 인과관계가 있는 것을 애써 찾아냅니다. '우리 부족의 리더가 부정한 짓을 저질렀다(부정함에 대한 분노)', '산에서 죽이지 말아야 하는 동물을 죽였다(금지를 어긴 분노)', '산이 깨끗한 인간의 피를 먹고 싶은데 부족해한다(배고픔의 분노)'라는 식으로 말이죠. 그래서 부족장, 사냥을 갔던 사람, 어린 소녀들은 죽임을 당했습니다. 분노의 원인을 제거하여 자신들의 안전을 도모했던 셈입니다.

　인간의 속성을 빗대어 바라보면 생물, 무생물, 추상적 개념 등 모든 것이 잘 설명이 되고 이해가 됩니다. 이러다 보니 신화, 전설, 민담, 우화, 동화 등에는 의인화된 캐릭터들이 많이 등장합니다. 특히 신화에서는 죽음의 신, 시간의 신, 운명의 신, 계절의 신이 등장하고 바람도, 강물도, 산도, 바다도 말하고 느끼며 사람처럼 생각합니다. 정말 인간의 상상력은 대단하다고 할 수밖에 없습니다.

　영국이 요정 천국이라고 한다면 상상력의 끝판왕은 일본이라 할 수 있습니다. 그런 점에서 일본과 영국은 어쩌면 참 닮은 점을 많이 가지고 있는 발칙한 문화의 나라일지도 모르겠네요. 일본에는 이런 의인화에 약간의 오타쿠적 속성이 반영되면서 미소녀가

캐릭터화되는 현상이 주목받고 있습니다. 이런 현상을 '모에(もえ, 의인화)'라고 합니다. 이해를 돕기 위해 사례를 하나 들어보죠.

2005년에 동경을 중심으로 철도사업을 하고 있는 JR동일본사는 시험 제작한 차세대 신칸센 열차인 퍼스텍(FASTECH)360S를 시험 운행합니다. 그런데 이 열차의 최고시속이 360km나 돼서 정차를 위해서는 새로운 제동방식이 필요했습니다. 그래서 고안된 것이 속도를 줄일 때 지붕에서 노란 삼각형 모양의 제동날개가 튀어나오는 새로운 방식이었습니다.

퍼스텍360S의 달릴 때(photo by Zzyzx)와 제동할 때의 앞 모습(photo by Kaede)

여기까지만 보면 '뭐 그냥 새로운 제동 방식의 열차 등장이 뉴스가 됐나 보다' 하시겠지만, 자 여기부터 의인화의 천재인 오타쿠들이 등장합니다. 오타쿠 눈에는 이 노란 제동용 날개가 고양이 귀로 보였던 거죠. 아니 오타쿠만이 아니라 대부분의 사람 눈에도 그렇게 보였는지 모든 신문과 방송에서 이 열차를 '고양이 귀 열차'라는 명칭으로 소개했습니다. 그리고 보니 왠지 파란 코를 한 고양이 같네요. 밑 부분은 앞발 같기도 하고요. 하지만 오타쿠들은 여기서 그치지 않습니다.

기왕 '열차를 고양이라고 생각할 거면, 그 고양이를 미소녀로 바꾸면 더 멋있잖아' 뭐 이런 생각입니다. 무생물을 생물로, 그리고 다시 인간으로 하는 2단계 애니미즘적 발상입니다. 그래서 탄생한 것이 '퍼스펙탕'이라는 캐릭터입니다. 단순하게 열차의 앞부분에 인간의 얼굴을 부여한 〈기관차 토머스〉와는 전혀 다른 의인화입니다. 어쩌면 진정한 의인화이기도 하죠.

Dr.아톰이 직접 그린 퍼스펙탕 캐릭터

퍼스펙탕은 각자가 자신의 원하는 스타일로 의인화하여 이미지를 만들면서 인터넷 상에서 의인화 붐을 일으킵니다. 대부분의 캐릭터 디자인은 흰색과 파란색의 투톤으로 된 미니스커트를 입은 녹색머리 소녀로, 색깔의 조합은 실제 열차와 동일합니다.

퍼스펙탕은 피규어로도 만들어져 상품화되었고, 만화 주인공으로 등장했으며, 캐릭터 이미지송까지 CD로 만들어져 판매되었습니다. 뭐 이 정도 되면 의인화된 캐릭터 하나의 산업 파급 효과가 상당하다는 생각이 드네요. 오타쿠라는 든든한 초기 수용자가 있기 때문에 가능한 일이겠지요. 특히 '고양이 귀'를 귀엽다고 생각하는 오타쿠들의 높은 호감도가 크게 작용했을 겁니다. 이 경지에 이르면 본래 열차의 이미지는 사실 별 상관이 없게 됩니다. 퍼스펙탕의 부모인 퍼스텍360S로부터 독립해서, 미소녀 퍼스펙탕이 혼자 세상을 열심히 살아가는 셈이죠.

일본은 21세기가 시작되면서 소위 '의인화 붐'이라고 부르는 현상이 나타나기 시작했습니다. 그리고 그 붐을 하나의 유행이 아닌 문화로 정착시키는 데에는 의인화의 핵심 키워드인 '탕(たん)'을 빼고서는 설명이 어렵습니다. 의인화의 완성은 의인화된 대상의 이미지에 명칭이 함께 부여되어야 하기 때문이죠.

원래 일본에서는 귀여운 호칭으로 '짱(ちゃん)'이란 말을 많이 씁니다. 하지만 뭐든 계속 하다 보면 왠지 진부한 느낌이 들고 새로운 것과의 차별화가 안 됩니다. 그래서 등장한 게 '탕'입니다. 원래 인터넷 상에서 젊은이들 사이에 사용되던 용어로, 아이돌이나 캐릭터, 귀여운 소녀와 같은 대상에 붙였던 호칭이었습니다. 그런데 2005년 여성 국회의원인 사토 유카리 의원이 매스컴에 자신을 '유카리탕'이라고 소개하면서 재미있는 명칭으로 일반인 사이에도 유행하게 되었고, 그해 유행어 대상 후보에도 들어가게 됩니다.

여성 국회의원이 재미삼아 시작한 이 명칭부여는 2003년 만화로 등장하여 2004년 일본 오타쿠대상에서 대상을 수상한 후, 공

중파 방송국 TBS가 2006년 방송하여 큰 인기를 얻은 〈빙쵸탕(び
んちょうたん)〉의 계기가 되었다고 알려져 있습니다. 빙쵸탕은 국
내에서는 비장탄(備長炭)이라고 부르는 것으로, 참나무와 졸가지
묘목견을 1,400도 이상으로 25일간 구워서 만든 숯입니다. 뒤에
붙은 숯을 의미하는 '탄'의 발음이 의인화의 '탕'과 같다는 우연도
작용해서, 머리에 숯을 이고 일본 전통의상을 입고 있는 귀여운
미소녀가 탄생했던 것이죠.

빙쵸탕의 등장을 시작으로 일본에서 문어발식 의인화 붐은 확
장되어 나갑니다. 의인화의 장르도 철도역, 열차, 무기, 군함, 해양
생물, 소프트웨어, 하드웨어, 게임류에 이르기까지 다양해집니다.
예를 들어 패밀리마트, 로손과 같은 편의점을 의인화한 편의점탕
시리즈나, 인터넷 백과사전인 위키피디아의 위키페탕도 등장합니
다. 이런 의인화된 미소녀들은 공식적으로 기관이나 업체에서 사
용하는 경우도 있고, 일러스트레이터들이 재미삼아 만들어 커뮤
니티 사이트를 통해 서로 평가하고 공유하며 즐기기도 합니다.

위키페탕의 여러 버전(illustration by Kasuga)

거기다 일본 각 지역의 주민 성격과 역사를 반영하여 의인화한 〈우리 동네에선(うちのトコでは)〉이라는 웹툰도 등장해서 인기를 끌었습니다. 탕이란 호칭은 사용하지 않았지만, 단순하게 지역 마스코트가 아니라 그야말로 지역의 성격, 풍토 등을 한 사람의 인격에 담아서 의인화했다는 점에서 주목을 끌었었죠. 그래서 원칙적으로는 한 지역에는 한 캐릭터만이 존재합니다. 예를 들어 오사카 지역의 의인화 캐릭터는 화려하고 기가 센 지역민의 특성과 일본 만담이나 개그에 필수품인 접는 부채를 들고 있어 오사카 지역이 개그의 본고장이라는 의미를 표현하고 있습니다.

그럼 여기서 살짝 일본이 어디까지 의인화를 이용하고 있는지 살펴봅시다. 먹을 것을 의인화하는 건 이미 〈날아라! 호빵맨〉에서 한 번 경험한지라 크게 놀랍지 않습니다. 햄버거, 고기덮밥, 삼각 김밥 등등 나오는 캐릭터가 정말 놀라운 먹거리 의인화의 연속이었죠. 그런데 거기서 더 나아가 아예 야채를 의인화하고, 더 더 나아가 소금, 후추, 식초, 간장 같은 조미료까지 의인화해서 만화책을 만들었습니다. 게다가 이런 의인화 캐릭터가 더더더 나아가 호빵맨처럼 애교스럽고 귀여운 캐릭터가 아닌, 본격적인 순정만화 캐릭터로 등장합니다. 게다가 더더더더 나아가 등장인물들이 남자들끼리 우정이라기보다는 동성애에 가까운 사랑을 다루는 BL(boy's love) 계열의 만화입니다. 이게 야채의 속성을 의인화한 건지, 아니면 의인화 붐에 편승해서 그저 마케팅 수단으로 이를 활용한 건지 의심이 들 정도입니다. 그런데 이 정도면 그냥 만화가와 출판사가 재미있는 일을 벌였나보다 하면 될 듯싶은데, 색깔까지 의인화한 만화가 나왔습니다. 거기에 자민당, 민주당, 사민당 등 일본 정당을 의인화한 만화도 나왔습니다. 정당의 캐릭터나 마스코트를 사용하는 게 아니라 '정당의 분위기와 성격'을 그대로 인간이라는 형상에 투사해서 스토리를 만들었습니다. 친근하게 정당에 대한 이해를 돕는다는 게 목적이었답니다. 아, 이 정도되면 왠지 의인화의 진정성에 회의가 느껴지기도 합니다.

하지만 조금은 진지하고 교육적인 의인화도 있습니다. 일종의 '학습 의인화'라고나 할까요? 화학 시간을 진짜 짜증나게 했던 원소주기율을 쉽게 외우고, 각 원소의 특징을 잘 이해할 수 있도록 각 원소를 모두 미소녀로 의인화한 작품인 〈원소주기〉는 캐릭터 이미지를 곁들인 '미소녀로 배우는 화학의 기본'이라는 부제를 단 제대로 된 책입니다. 이 책 덕분에 아마 학생들 가운데 일부는 화학의 두려움에서 벗어났을지도 모르겠네요.

의인화의 끝판왕답게 일본은 끝없이 의인화를 추구합니다. 일본 애니메이션이 현재와 같이 세계적인 위치를 확보하게 된 데에는 이런 의인화의 저력이 있었습니다. 동네 어귀 돌로 된 작은 동자상에 철마다 옷을 갈아입히고, 돌멩이든 나무든 영혼이 깃들어 있다면 숭배의 대상으로 삼고, 죽은 사람은 신이 된다는 일본 특유의 애니미즘과 사후 세계관이 바로 이런 저력을 형성하게 만들었죠. 애니미즘과 사후 세계관은 일종의 종교적 정신을 말합니다. 흔히 일본은 종교를 믿지 않는 무종교 국가라고 합니다. 하지만, 정확히 말하면 일본인들 가운데 자신의 종교 정체성을 불교도나 기독교도라고 말하는 사람이 드물 뿐입니다. 대신 일본인들은 신도(神道)라고 하는 일본 고유의 토착신앙을 자신의 정신세계나 일상생활에 흡수하여 살아갑니다. 그렇다고 '전 신도를 믿는 사람입니다'라고 하지는 않습니다. 기독교를 믿지 않아도 크리스마스를 즐기고, 불교를 믿지 않아도 불경에 나온 경구를 마음에 새기는 것과 비슷하다고 보면 됩니다. 일본의 신도는 자연에 대한 숭배심이 종교로 발전한 정령신앙 즉, 애니미즘의 일종이었습니다. 초기에는 자연물과 자연현상을 신으로 삼았지만 점차 선조를 신으로 삼게 되었죠. 그리고 불교와 유교의 영향을 받기도 하고 서로 흡수, 통합하는 과정도 겪었습니다. 따라서 신도는 기본적으로 다신교라 할 수 있습니다.

다신교는 우리 인생에서 일어날 수 있는 여러 가지 일에 대해 이유를 알고 싶어 하는 '모든 일에는 이유가 있다'라는 정신 활동에서 비롯되었습니다. 철학자 대니얼 데닛Daniel C. Dennett은 "우리는 실제로 어떤 일이 벌어지고 있는지를 손쉽게 이해하려고 생물과 무생물을 막론하고 특정 대상을 들먹인다. 마치 그것이 마음에 깃들어 있기라도 한 것처럼 말이다"라고 하면서 어떤 이유를 찾기 위해 우리의 뇌는 먼저 그 일을 일으킨 행위자를 항상 찾는다고 보았습니다. 그는 이런 뇌의 경향성을 '지향적 자세'라고 불렀습니다. 다시 말해 우리의 뇌는 특정한 사건이나 일에 대해 납득할 만한 이야기를 찾으려는 경향이 있고, 그런 이야기에서 가장 중요한

'누가'를 등장시키기 위해 신의 존재가 필요했다는 것이죠.

그러고 보면 애니미즘을 기반으로 하는 다신교 문화에서는 의인화의 경향성이 강하게 보입니다. 켈트문화의 영향이 강하게 남아 있었던 영국이나, 다신교인 전통신앙을 비교적 많이 내포하고 있는 힌두교가 민족 종교인 인도도 그런 점에서는 의인화의 토대를 가지고 있었던 셈입니다.

하지만 현대의 의인화는 산업자본주의의 피를 수혈 받아야 비로소 기지개를 켜고 마음껏 자신의 팔다리를 뻗으며 성장할 수 있습니다. 인도는 그런 면에서 아직은 현대적 의미의 의인화는 크게 발전된 국가라고 할 수 없습니다. 영국은 판타지 문학의 번성으로 부분적으로 성공한 셈이죠. 일본은 앞서 말한 바와 같이 의인화가 빠르게 상품화될 수 있는 여러 가지 기반이 있었으니 끝판왕이 될 수 있었습니다.

종교나 문화와 무관하게 자본주의적 상품화를 통해 의인화의 끝판왕 일본과 순위를 다투는 나라가 있습니다. 바로 미국입니다. 미국은 헐리웃과 디즈니사를 해와 달 삼아서 따뜻한 의인화의 천국으로 나아가고 있습니다. 특히 디즈니가 만들어낸 의인화된 애니메이션 캐릭터는 열거할 수 없을 정도로 많습니다. 스누피, 스폰지밥, 톰과 제리는 물론, 닌자 거북이, 토이스토리의 장난감 캐릭터들, 자동차들, 열대어에는 미국의 의인화 계보가 잘 드러나 있습니다.

2015년 개봉한 인기 애니메이션 〈인사이드 아웃〉에 인간의 감정인 즐거움, 분노, 슬픔 등을 의인화한 것은 아마도 추상적인 대상을 의인화했다는 점에서 일본과의 의인화 경쟁에 격차를 줄이는 주목할 만한 작품이라고 할 수 있습니다.

그런 점에서 보면 의인화는 이제 문화적 배경보다는 오히려 '스토리를 기반으로 하는 산업의 성숙도가 어느 정도이냐'에 따라 발전 양상의 차이를 보이고 있는 듯합니다. 단순하게 의인화를 시키는 것이 아니라 그 의인화에 어떤 스토리를 담느냐가 더 중요해졌으니까요.

의인화가 '왜'를 추구하려던 인간 마음의 산물이고 최종적으로 의인화를 통해 스토리를 찾아내려고 했던 것이라면 스토리야말로 아주 효과적인 소화제입니다. 답답한 속을 뻥 뚫어주는 스토리는 다양한 의미와 조각을 이어주어 더 큰 의미를 만들어 세상을 이해하게 해주고, 이를 통해 우리의 뇌는 행복을 느낍니다. 의인화를 통한 상상은 우리의 뇌가 행복해지기 위해 만든 궁극의 결과물일지도 모릅니다.

카니발리즘의
상상,
인간의
가치를
묻다

〈스위니 토드〉, 〈양들의 침묵〉, 〈향수〉, 〈델리카트슨 사람들〉, 〈얼라이브〉, 〈클라우드 아틀라스〉

이 영화들의 공통점은 무엇일까요?

제목으로 눈치채신 분도 있겠죠? 네. 바로 사람을 잡아먹는, 인육(人肉)을 먹는 내용이 들어 있는 영화들입니다. 여기에 이름을 올린 것들은 본격적인 호러 콘텐츠는 뺀 것입니다. 본격적인 호러 장르의 작품까지 포함하면 아마 엄청난 수가 될 겁니다. 거기에 인간이 인간을 먹는 동족포식(同族捕食)이 아니라, 인간이 아닌 생물체가 인간을 잡아먹거나 통째로 흡수하는 것까지 포함시키면 아마 그 수는 세기 힘들 정도가 되겠죠.

인간이 먹잇감이 된다는 것은 생각만 해도 꺼림칙하고 끔찍하기도 하지만, 다른 면에서는 불안감을 가지게 합니다. 인간은 지구상의 먹이사슬에서 언제나 최상위 포식자 역할을 해왔기 때문이죠. 갑자기 자신의 지위가 격하되어 누군가에게 쉽게 잡혀 먹을 수 있다고 생각하게 되면 불안감이 엄습해옵니다. 하지만 이런 혐오감과 불안감에도 불구하고 끊임없이 인육을 먹는 내용의 콘텐츠가 등장합니다. 때로는 '호러'라는 공포물로, 때로는 인간본성의 탐구를 위한 '심리스릴러'로, 때로는 역사적 사실을 다루는 '다큐멘터리', 또 때로는 극한 상황에서 벌어지는 '휴먼드라마'로 말이죠.

찰즈 고든 프레이저Charles E. Gordon Frazer의 <타나의 카니발리즘(Cannibalism on Tanna, 19세기 후반 추정)>

절대적으로 먹을 것이 부족하여 '어떻게 먹을 것을 확보할까'를 고민했던 시대에서 이제는 자신의 기호와 취향에 맞춰 '어떤 것을 먹어야 할까'를 고민하는 시대가 된 지금, 인육을 먹는다는 것은 더욱 낯선 행위일 수밖에 없습니다. 그런데도 우리는 잔인하게도 인육을 먹는 것을 상상합니다. 그리고 그 상상을 필름과 종이 위에 담습니다. 그럼 혹시 우리의 마음 어느 구석에는 이 상상을 자극하는 욕망이 존재하고 있는 것은 아닐까요? 절대적 금기는 어쩌면 절대적 욕망을 나타내는 것은 아닐까요?

사람이 인육을 먹는 행동은 식인풍습이라고 하는데, 종교적 의례로서의 식인풍습을 포함해 이를 카니발리즘(Cannibalism)이라고 합니다. 인류의 풍속을 연구하는 문화인류학에서 카니발리즘은 특정한 사람의 인육을 먹으면 특별한 힘과 능력을 얻게 되거나, 다른 곳에서는 얻기 어려운 영양소를 흡수할 수 있다는 믿음 때문에 오랜 옛날부터 존재했다고 보고 있습니다.

『핀도라마의 아이들(Os filhos de Pindorama)』에 수록된 1557년 브라질에서 벌어진 카니발리즘(illustration by Han Staden, 1559년 경)

이런 문화인류학적 설명을 들으면 '뭐 문명이 미개했던 예전에야 그럴 수 있었겠지'라고 생각하겠지만 그렇지 않습니다. 전 세계 어디에서나, 그리고 최근까지도 카니발리즘은 쉽게 찾아볼 수 있었습니다. 심지어 카니발리즘은 이를 절대적으로 금기시했던 기독교의 영향이 강했던 유럽에서도 있었습니다.

기록에 따르면 제1회 십자군의 식인행위가 남아 있고, 1274년 에 수도원에서 수도사들도 사체를 먹었다고 합니다. 인육은 아니 지만, 1805년 트라팔가 해전에서 전사한 넬슨 제독의 사체는 부 패 방지를 위해 럼주 통에 넣어 본국으로 송환되었는데 수병들이 넬슨의 기를 받아먹으려고 통에 있는 럼주를 마시는 바람에 본국 에 도착했을 때는 텅 비었다고 하네요. 그래서 그 후 해군 장병에 게 지급되는 럼주를 '넬슨의 피'란 애칭으로 부르기도 했습니다.

넬슨의 피(Nelson's Blood, photo by Mike Peel, 2012)

티베트 지역에는 1930년대에 종교단체가 신도를 대상으로 인 육공양을 했다는 보고가 있었고, 베트남 전쟁 중에는 정부군이 식 인행위를 했다는 기록이 있다고 합니다. 일본에서는 1870년 메이 지정부가 인간의 장기가 식재료로 밀매되는 것을 엄금했다고 하 고, 1960년대에는 매장된 사체를 파내서 고가의 고기로 구워 팔 았던 사건이 신문에 보도되기도 했다고 합니다. 중국도 식인문화가 꽤 오래된 전통으로 인식되었는데 이 바람에 '공자가 인육을 좋아했다, 아니다'의 논쟁이 인터넷에서 벌어지기도 했습니다.

우리나라의 경우는 조금 다른 모습의 카니발리즘이 있습니다. 바로 효행(孝行)의 모습이죠. 들어보셨죠? 부모님이 병들어 누워 있을 때 자신의 손가락을 잘라 국을 끓였다던가, 피를 입에 흘려 넣었다 등의 이야기 말입니다. 김구 선생님이 자신의 허벅지 살을 잘라 아버지에게 먹여드린 일화도 있습니다. 옛날에는 한센병에 인육이 좋다는 말 때문에 실제로 어린아이의 간을 사용한 기록도 있습니다.

가장 최근에 세계적으로 관심을 불러일으킨 카니발리즘은 독일에서 아민 마이웨스Armin Meiwes라는 사람이 2001년 인터넷으로 잡아먹히고 싶은 사람을 모집한 충격적인 사건의 전모입니다. 마이베스는 자신의 요청에 응해온 유르겐 브란데스를 집으로 데리고 와 그의 성기를 잘라 같이 구워먹은 다음 살해하고 인육을 조리하여 먹었습니다. 그리고 그 장면을 비디오로 찍었습니다. 마이베스는 2002년 12월 다시 카니발리즘의 대상이 되고자 하는 사람을 모집하는 글을 인터넷에 올리는 바람에 체포되게 됩니다. 체포된 후 마이베스는 '합의 하에 인육을 먹었다'고 주장하였고, 실제로 컴퓨터를 조사한 결과 "잡아먹히는 상상만 해도 즐겁다. 빨리 만나고 싶다"는 피해자의 이메일이 발견되기도 했습니다. 이 사건은 피해자가 자발적으로 카니발리즘에 참가했다는 점에서 충격적인 사건이었으며, 이에 따라 죄를 물을 수 있을까가 관심을 모

있습니다. 재미있는 건 그는 투옥된 후 채식주의자가 되었다고 하네요.

근데 왜 이런 끔직해 보이기만 한 카니발리즘이 나타나는 걸까요? 가장 단순히 생각할 수 있는 이유는 먹을 게 없어서였겠죠. 산이나 바다에서 조난사고가 발생했을 때, 생존자들이 사망자의 인육을 먹으면서 버티는 경우죠. 미술사에서 낭만주의를 논할 때 빠짐없이 등장하는 작품인 테오도르 제리코Théodore Jean Douis Géricault의 명작 '메두사호의 뗏목'은 1816년 메두사 호의 조난사고를 다룬 것입니다. 영화 〈어라이브〉도 1972년 우루과이 공군기 571편의 조난 사고의 실화를 내용으로 하고 있는데, 이게 실화라서 더 충격적이기도 하고 감동적이기도 합니다. 예부터 기근이 심할 때는 지역을 막론하고 카니발리즘이 나타났다고 합니다.

시체를 바다에 빠뜨리지 않고 뗏목 위에 둔 이유가 그거였다니!

테오도르 제리코의 <메두사호의 뗏목(Le radeau de la Méduse, 1819)>

다음엔 몸에 좋다는 이유일 겁니다. 우리의 효행 스토리가 여기에 포함되겠죠. 하지만 최근 화제가 되었던 듣기만 해도 끔찍한 '인육캡슐', '태아보신탕'도 이 카테고리에 들어가겠죠. 뉴기니아 제도와 같이 오랫동안 동물 단백질의 섭취가 불가능했던 지역에서는 카니발리즘이 널리 성행했다고 합니다.

죽은 사람의 힘, 에너지, 영혼 등을 자신의 것으로 하고 싶어 하는 이유도 있습니다. 주로 부족 전사가 전쟁에서 죽거나, 족장 등이 죽었을 경우 사체로 먹는 풍습이 여기에 해당합니다. 죽은 자에 대해 많은 애착이 있을 때 일어나는 행위로 주로 친족이나 지인들이 인육을 나누어 먹습니다. 마을의 리더격인 촌로가 죽는 경우에는 뇌를 나누어 먹기도 했습니다. 이런 족내(族內)식인과 달리 족외(族外)식인을 하는 경우는 복수나 증오의 감정이 깃들여 있습니다. 때로는 전쟁터에서의 영양보급을 위한 것도 있었고, 전쟁에서 공을 세운 적군 전사의 인육을 먹는 것은 그의 용맹함을 받아들이려는 의도이기도 했습니다.

마지막으로 이게 가장 큰 문제인데요, 카니발리즘을 일종의 쾌락의 수단으로 삼는 비뚤어진 기호의 문제입니다. 영화나 애니메이션에서는 이 카테고리의 변태적 살인마가 종종 등장하고 실제로 이런 식인살인귀라 불리는 사건은 세계적으로 끊이지 않고 있습니다. 그런데 이런 카니발리즘은 터부(taboo), 그러니까 인류가 이러면 안 된다고 정해 놓은 절대적 금기 중 하나입니다. 인간의 살과 피, 그리고 장기를 먹는다는 건 인간이 공동생활을 하기 시작한 이래로 해서는 안 되는 행동으로 여겨졌죠. 그래서 실제로 카니발리즘이 있었다 해도 기근이나 긴급 시, 또는 죽은 사람을 대상으로 하는 수준에서 머무르는 경우가 대부분이었습니다. 가끔 복수를 위해, 병을 고치기 위해 살인과 함께 카니발리즘이 있었다 해도 그건 풍습이기보다는 개인의 잘못된 기호에 의한 것이었죠. 그럼에도 불구하고 영화, 만화, 애니메이션에는 자꾸 등장합니다. 터부나 금기라고 하는 것은 사실 해서도 안 되고 보아도 안 되고 이야기해서도 안 되는 것인데도 말입니다. 바로 여기에 콘텐츠의 마력이 숨어 있습니다. 바로 일상이 아닌 비(非)일상, 그러니까 일탈의 즐거움을 맛보는 마력입니다. 그리고 상상이라는, 허구라는 구실로 금기를 풀고 우리의 숨겨진 욕망을 충족시키려는 의도가 숨어 있기도 합니다.

프란시스코 데 고야Francisco José de Goya y Lucientes의 <아들을 잡아먹는 사투르누스 (Saturno devorando a un hijo, 1820~1824년)>

나는 그런 혐오스럽고 끔찍한 욕망은 없는데 무슨 소리를 하는 거냐고요? 그럼 이렇게 생각해봅시다. 영화나 만화를 보고 게임을 하는데 그 내용이 평상시에 접하는 일상과 다름이 없다면 우린 과연 그 콘텐츠를 돈 주고 사서 볼까요? 절대 아닙니다. 우리가 콘텐츠를 보는 이유는 일상에서 접하지 못하는 비일상을 통해 재미와 함께, 답답한 현실을 벗어나는 일탈의 즐거움을 느끼기 위해서입니다. 짜릿하고 흥분되고 긴장되고 감동받고 하는 그런 것 말이죠.

그러니까 바로 비일상적 요소가 콘텐츠의 스토리를 재미있게 해주는 요소입니다. 이때 비일상을 체험하게 해주는 가장 큰 요소가 바로 일상에서는 거의 접하기 힘든 터부, 즉 금기입니다. 근친상간, 살인 등이 대표적인 금기인데, 이들 금기 중에 가장 높은 곳에 자리한 것이 살아 있는 사람을 죽이고 인육을 먹는 것, 즉 카니발리즘입니다. 다시 말해 스토리를 재미있게 해주는 제일 파워풀한 비일상이 바로 카니발리즘인 셈이죠. 이것이 바로 영화나 만화에 카니발리즘을 차용한 장면이 자주 등장하게 된 이유입니다.

최근 들어 더 자주 카니발리즘을 접하게 되는 또 하나의 이유는 바로 풍요로워진 먹거리 때문입니다. 예전부터 인류는 먹거리에 대한 금기를 많이 가지고 있었습니다. 종교적인 이유로 돼지고기나 소고기를 먹지 않기도 하고, 특정한 시기에는 금식을 포함해 먹거리의 종류나 양을 제한하기도 했습니다. 금기가 아니라 해도 북유럽 지역에서는 여전히 문어와 같은 두족류를 잘 먹지 않습니다. 우리나라에도 임신부는 게를 먹어서는 안 된다는 터부가 있었습니다.

하지만 이런 먹거리와 관련된 금기는 사실 그 사회가 필요로 하는 것을 지나치게 소비하지 않게 하거나, 일부 권력층이 자신들만의 먹거리로 남기기 위해서 그랬거나 하는 식의 배경이 존재합니다. 인도에서 소를 먹지 않는 것은 농사를 지을 때 필요한 소가 도축되는 것을 방지하기 위한 의도도 있었다고 합니다. 그런데 사회가 발달하면서 점차 풍요로운 시대가 되었고, 과학의 발달로 지식이 증가하면서 먹거리에 대한 터부도 점차 사라지게 되었습니다. 이제 우리나라도 내일 먹을 것을 걱정하던 사회에서, 내일은 무엇을 골라 먹을까를 걱정하는 사회가 되었습니다. 풍요의 시대에는 먹거리에 대한 제한이 사라지겠죠. 소보단 경운기가 더 나은 생산력이 되고, 예전에는 상류층만 먹던 오리고기나 유제품도 이젠 누구나 먹을 수 있게 되었으니 말입니다.

먹거리의 금기를 잃어버린 사람들은 점차 더 강한 금기를 깨고 싶다는 욕망에 휘둘립니다. 이제 웬만한 먹거리의 금기가 사라진 지금, 카니발리즘의 금기, 많은 고기 중에 인육만은 안 된다는 금기만 굳세게 남아 있는 셈입니다. 그래서 영화감독이나 만화가, 작가들은 그 금기에 도전하고픈 마음이 드는 거죠. 더 강력한 유혹을 등장시켜 더 일탈적인 스토리를 전달하는 것. 그것이 풍요로운 시대에 카니발리즘이 성행하는 또 하나의 이유가 될 겁니다.

하지만 나만의 답을 찾는 발칙한 인문학은 카니발리즘 콘텐츠 확산에 대해 조금은 다른 답을 내기 위해 2015년 영화로도 개봉

되었던 만화 〈기생수〉의 오프닝을 살펴보도록 하겠습니다. 만화는 다음과 같은 내레이션으로 시작됩니다.

"지구에 사는 누군가가 문득 생각했다. 인간의 수가 반으로 줄어들면 얼마나 많은 숲이 태워지지 않고 살아남을 수 있을까?"

"지구에 사는 누군가가 문득 생각했다. 인간의 수가 100분의 1이 되면 강과 바다로 흘러드는 독도 100분의 1이 되지 않을까?"

"누군가가 문득 생각했다. 모두의 미래를 지켜주지 않으면 안 된다."

환경문제, 생태주의(ecology)에 대한 관심이 뜨겁게 타올랐던 1990년대, 심층생태주의(Deep Ecology)란 사상이 주목을 받았습니다. 간단히 말하자면 지구상의 모든 생명은 연결되어 있으며 이들을 위협하는 것은 인간의 존재라고 하는, 조금은 극단적인 생각이 내포되어 있었죠. 예를 들면 지렁이 한 마리와 인간 한 사람의 가치는 같으니 지렁이 두 마리가 죽는 것보단 사람 하나가 죽는 게 낫다는 식입니다. 그래서 반이성주의, 인간혐오주의, 급진적 생태주의란 비판도 받았습니다. 하지만 그 정도의 인식 변화 없이는 환경문제가 해결되지 않는다는 자세는 많은 환경보호자들도 수긍을 했습니다.

이런 사상은 자연스레 인간을 보다 넓은 범위에서 모든 지구상의 생명에 대한 적대자로 보게 합니다. 때문에 인간을 없애야 한다는 스토리로 이어지는 콘텐츠를 만들어내게 됩니다. 그 밑바탕에는 인간의 가치가 우리가 생각하는 것처럼 높은 것은 아닐 수 있으므로, 소나 돼지를 먹는 것과 다르지 않다는 생각도 깔려 있었죠. 이렇게 생각하면 오래 전부터 금기로 여겨졌던 카니발리즘은 간단한 명분으로 해소됩니다. 즉 카니발리즘은 오히려 권장되어야 하는 행위로 변모되는 거죠. 바로 이런 사상의 등장과 확산이 카니발리즘 콘텐츠의 확산에도 영향을 미치지는 않았을까요? 카니발리즘과 관련해서 프로이트는 다음과 같은 말을 남겼습니다.

"카니발리즘을 원한다고 해도 사람을 죽여서는 안 되는 이유는 수없이 많다. 하지만 고기 대신 인육을 먹지 말아야 할 이유는 어떤 경우라도, 단 하나도 없다."

생명을 훼손하는 살인이라는 행위가 아니라면, 카니발리즘은 어쩌면 금기가 아닐 수 있습니다. 자연계에는 서로의 영역 다툼이나 영양 보급을 위해, 때로는 일정한 공간에 과밀한 개체로 공존이 어렵다고 판단되면 같은 종족을 잡아먹는 동족포식(同族捕食)의 의미로 카니발리즘이 존재합니다. 예를 들어 암컷 사마귀가 교미 후 수컷 사마귀를 잡아먹는 것은 알을 낳는 데 소모되는 체력을 보충하는 영양공급의 차원이라고 합니다. 물론 이런 자연계에 존재하는 카니발리즘의 대부분은 살아 있는 개체를 죽여서 먹는 행위입니다.

우리가 카니발리즘하면 자연계의 동족포식처럼 살인을 같이 떠올리기 때문에 살인의 금기와 카니발리즘의 금기는 같이 연동되어 움직였던 것이죠. 일부에서는 카니발리즘을 인간의 존재 가치를 떨어뜨리는 행위라고 하지만, 사후 장기기증에 비유하여 자신의 몸이 다른 사람을 위해 쓰인다는 점에서 부정적으로만 보아서는 안 되는, 문화인류학적으로 인류의 보편적 행위 중 하나라고 보는 견해도 있습니다.

하지만 카니발리즘이 금기 중의 금기가 되었던 것은 욕망의 억압과는 달리 나름의 진화적 이유가 있다는 설명도 있습니다. 예를 들면 질병에는 '종족의 벽'이라는 것이 존재합니다. 식물이 걸리는 병은 동물에게는 옮지 않고, 돼지가 걸리는 병에 인간은 걸리지 않습니다. 반대로 사람의 병은 사람에게 전염됩니다. 그러니 카니발리즘은 사람의 체내에 있는 병원체를 그대로 자기 몸속으로 이동시키는, 치명적인 행위이기도 합니다.

파푸아뉴기니에는 현지어로 '떨리다'라는 의미의 쿠루병이라는 풍토병이 있었습니다. 이 병은 1950년대부터 60년대에 걸쳐 포어족 사이에 유행했던 병입니다. 이 병을 박멸한 공로로 노벨 생리의학상을 수상한 칼튼 가이듀섹Carleton Gajdusek은, 죽은 사람의 뇌를 먹는 포어족의 풍습으로 이 병이 발병하는 것으로 추측했습니다. 가이듀섹이 카니발리즘 풍습을 없애도록 하자 쿠루병은 한 세대가 끝나기 전에 거의 자취를 감추고 맙니다. 후에 '프리온'이라는 악성 단백질이 사람에게서 사람으로 전해진 것이 원인으로 밝혀졌습니다. (다른 설명도 존재하나 현재로서는 프리온 가설이 정설로 인정받고 있습니다.)

인간은 경험을 통해 진화의 과정에서 이러한 사실을 알고 있었던 거죠. 그래서 아무리 먹을 것이 부족하더라도 카니발리즘이라는 금기를 지키려고 애썼던 겁니다. 지금 당장의 허기를 메울 수 있고, 자극적인 재미가 있다 하더라도 자신의 생명자체를 위협할지도 모른다는 걸 느꼈던 거죠. 카니발리즘에 대해 살펴보니 어떤 해석을 내리고 어떤 시선으로 바라보아야 하는가가 더욱 어려워집니다. 하지만 분명한 건 있습니다. 카니발리즘을 향한 우리의 상상은 아마도 금기의 억압만큼 무척이나 강할 것이고, 앞으로도 그 상상은 절대로 콘텐츠 위에서 힘을 잃지 않을 거라는 사실 말입니다.

낯선 것의
상상,
시체와 인형
사이의
언캐니

'종이인형 옷 입히기' 놀이라는 것이 있습니다. 20세기에 많은 아이들이 종이로 만든 인형에 종이로 만든 옷을 입히는 놀이이자 역할 놀이(role-playing game)를 했습니다. 인형에게 예쁜 드레스를 차려 입히곤 신데렐라라며 파티에 데려가고, 가방을 둘러매고 봄나들이를 가기도 했습니다. 문제는 종이 소재이다 보니 우선 그림 모양대로 잘 오려야 했고, 주로 어깨부분을 걸치도록 되어 있는 걸개가 금세 찢어진다는 단점이 있었습니다.

여자 아이들의 열렬한 지지를 받았던 종이인형 옷 입히기

당시엔 인형도 첨부터 옷을 입고 있었어요. 그래서 세일러문의 속옷 차림은 왠지 낯설게 느껴집니다.

지금 생각해보면 종이 인형 놀이는 저렴한 놀이라는 이유와 함께 소녀들의 마음을 사로잡은 확실한 이유가 있었습니다. 우선 변신의 욕구를 대리 충족시켜줄 수 있는 도구였죠. 당시 만화나 애니메이션에 미소녀 변신물이 등장하는 것과 같은 논리입니다. 아직 자신들은 어린 나이의 '아이'에 불과하지만 인형에게 예쁜 옷과 구두를 신기고, 근사한 백을 주면 인형은 멋진 여성으로 변신을 합니다. 남성스러운 바지를 입히면 톰보이가 되고, 드레스를 입히면 공주가 되고, 안경을 씌우면 모범생이 되곤 했죠. 앞치마 달린 옷을 입혀 현모양처를, 모던 룩의 패션으로 커리어 우먼을 만들어보기도 했고요. 소꿉장난으로 역할 놀이에 익숙했던 소녀들에게는 참으로 익숙한 패턴의 놀이이기도 했습니다.

또 하나는 엄마의 기분을 맛보는 거죠. 엄마의 기분이 뭐냐고요? 아이들한테 엄마는 절대적인 존재죠. 다정하고 따뜻한 존재이기도 하지만, 잔소리를 듣기도 하고 혼나기도 하니까요. 또 엄마는 나를 '만들어 가는 존재'이기도 하죠. 착한 아이, 공부 잘하는 아이, 심부름을 잘하는 아이, 운동 잘하는 아이 등등. 엄마는 마술사처럼 아이를 만들어가는 재주가 있습니다. 그야말로 엄마란 아이가 볼 때 절대적인 통제권을 가진 권력자랍니다. 종이인형을 갖고 노는 아이들은 자기 마음대로 인형의 인생과 성격을 바꾸어보면서 혼자서 중얼대죠. 학생에게는 '학교 늦었으니 빨리 가', 공주에게는 '왜 이런 것도 못 하니!' 하면서 말이죠. 남자 아이들이 망토를 걸치고 가면을 쓰고는 자신이 슈퍼히어로나 왕 같은 절대 권력자가 되고자 하는 마음과 같다고 생각하면 될 거에요. 절대 권력자가 될 때 느끼는 그 쾌감!

사실 종이 인형은 역사적으로 보면 비교적 저렴한 놀이를 위한 궁리에서 비롯된 것이라고 볼 수 있습니다. 옷 갈아입히기 놀이 인형은 18세기 후반에 영국에서 목제로 만들어진, 지금의 마네킹과 유사한 패션돌(fashion doll)이 그 시작이라고 알려져 있습니다. 그 후 독일에서 도기로 만든 인형이 나왔습니다. 아이들의 장난감이 된 것은 19세기 중반에 들어와서이지만 너무 비싸서 보급은 되지 않았습니다. 그런데 20세기 미국에서 합성수지, 목분 등을 이용한 합성소재 인형(composition doll)이나 셀룰로이드 소재의 인형 등이 대량생산 되면서 보급이 활발히 이루어집니다. 이런 흐름은 자연스럽게 인형계의 아이돌 스타인 바비인형(Barbie Doll)으로 이어지게 됩니다.

그런데 이 옷 갈아입히기 인형, 소녀들을 대상으로 하는 영역에서 머물러 있지 않고 최근 일반 대중들이 눈치채지 못하는 사이 콘텐츠 분야의 주목을 받게 되었습니다. 바로 구체관절인형(ball-jointed doll)이라는 이름으로 말이죠.

구체관절인형이란 인형의 관절 부위를 둥글게 해 관절이 자유롭게 움직일 수 있도록 만든 인형을 말합니다. 각 관절 부위가 분해되기 때문에, 관절 부위를 따로 만들어 결합하면 하나의 인형이 완성됩니다. 국내에는 2003년 구체관절인형협회가 설립되었고, 인형 만들기를 도와주는 서적이나 동호회의 안내를 받아 인형과 의상, 액세서리 등을 직접 만드는 사람들도 늘어나고 있습니다. 키덜트 페어(Kidult Fair)나 하비 페스티벌(Hobby Festival) 등 다양한 전시회를 통해 대중들에게 점차 널리 알려지고 있는 추세죠.

구체관련업체 soom의 홍보 부스에서 찍은 것이랍니다.

전시회에서 만나볼 수 있는 매력 넘치는 다양한 구체관절인형

피규어나 기존의 인형이 바라보는 컬렉션의 대상이었다면, 구체관절인형은 자세를 변화시키고 패션을 바꿀 수 있을 뿐만 아니라, 얼굴이나 눈동자, 그 밖의 신체 부위를 바꾸어 결합함으로써 전혀 다른 인형을 만들어낼 수 있습니다. 놀이의 대상이자 표정과 분위기를 바꾸어볼 수 있는, 컬렉션이 아니라 그야말로 옷 갈아입히기 인형의 궁극적인 놀이의 대상이 됩니다. 1930년대 독일에서 시작되어 세계적으로 인기를 끌고 있는 이 구체관절인형의 상당수가 우리나라와 중국, 일본에서 생산되고 있습니다. 종이 옷 갈아입히기 놀이도 유럽에서 시작되어 일본과 우리나라에서 인기를 얻었으니 어쩌면 그 맥락은 같은 것일지도 모르겠습니다.

신비로움과 섹시함, 그리고 귀여움이 강조된 구체관절인형은 마치 판타지 만화나 애니메이션에서 금방 튀어나온 듯한 모습을 하고 있습니다. 특히 눈동자의 섬세한 표현, 실제와 같은 피부 톤, 머리카락이나 손과 발의 완성도는 살아 있는 사람의 느낌을 주기에 충분할 정도입니다. 그래서 구체관절인형에 익숙하지 않은 사람에게는 약간 섬뜩한 느낌을 주기도 합니다. 게다가 관절이 자유롭게 움직이기 때문에, 그렇지 않은 인형에 비해 더욱 인간에 가까운 느낌을 줍니다.

2004년 개봉된 영화 〈인형사〉는 구체관절인형이 지닌 이 섬뜩한 느낌을 살린 호러물입니다. 물론 구체관절인형이 아니라 인형이 등장하는 호러 영화는 많이 있습니다. 처키가 나오는 〈사탄의 인형〉 시리즈를 비롯하여, 〈피노키오 신드롬〉, 〈데드 사일

런스〉, 〈메이〉, 〈분노의 인형들〉, 〈하우스 오브 왁스〉, 〈애나벨〉 등이 있죠. 그 외에 만화나 애니메이션에도, 그리고 스릴러나 호러 소설에도 인형은 단골 소재로 등장합니다. 구체관절인형을 보고 예쁘고 신기하긴 하지만 사람들이 약간의 섬뜩함이나 무서움을 느끼는 것은 이런 인형이 나오는 공포영화들이 만들어지는 이유와 같습니다. 바로 공포증의 하나로 분류되는 인형공포증 때문입니다.

인형공포증(Puppet Phobia)은 소아(小兒)공포증(Pedophobia)의 일종으로 분류되기도 하는데, 인형이 살아 있는 사람의 형태를 하고는 있지만 동시에 사물이라는, 서로 양립할 수 없는 두 가지 속성을 가지고 있기 때문입니다. 더 이상 생명력이 없는 사물과 같은 존재라는 점에서 죽은 사람의 시체도 같은 범주에 있다고 할 수 있죠.

'인간은 왜 자신과 닮은 것을 만들어냈을까?'라는 주제를 심오하게 다루었던 애니메이션 〈이노센스〉의 감독 오시이 마모루押#ⴳ는 "시체란 생물학적으로는 죽어 있는 것인지는 몰라도, 어디까지나 사람의 몸임에는 틀림이 없습니다. 그렇게 생각하면 인형이라는 것은 이런 속성을 아우르는 것입니다. 인형이 살아 있는 것이 아니라면 시체가 인형과 가장 가깝지 않나 생각합니다"라고 말했을 정도입니다. 다시 말해 인형은 우리들에게 시체를 연상시킵니다. 그리고 그 연상은 아주 자연스럽게 이루어집니다. 그래서 인형공포증은 인간이 아닌 동물의 인형에서는 일어나지 않습니다. 이

인형공포증에 대해 정신분석학자들은 그 나름대로의 설명을 시도
해왔습니다.

먼저 정신분석학자인 에른스트 옌치Ernst Jentsch는 1906년에 "눈
앞의 대상이 살아 있는 것인지 아닌지에 대해 확실한 판단이 서지
않고, 게다가 그 대상이 살아 있을 때와 죽어 있을 때의 속성이 유
사하면 할수록 불쾌감과 함께 신비로움을 느낀다"라고 보았습니
다. 후에 프로이트는 그의 이론을 발전시켜 1919년 '두려운 낯섦
또는 불쾌함(The Uncanny, 독일어로 Das Unheimliche)'이라는 논문을
발표합니다.

프로이트는 인형을 살아 있는 사람처럼 다루는 것이 어린아이
들의 특이한 성향이라고 말하면서 자신의 환자 중에는 여덟 살 때
정신을 집중해서 인형을 한참 동안 바라보면 인형이 살아서 움직
인다는 것을 알았다고 털어놓은 사람도 있다고 했습니다. "대부분
의 사람들에게 가장 강렬하게 두려운 낯섦의 감정을 불러일으키
는 것은 죽음, 시체, 죽은 자의 생환이나 귀신과 유령 등에 관련된
것이다"라면서 인형이 낯선 두려움, 두려움의 낯섦을 불러일으키
는 하나의 요인이라고 보았던 거죠.

이런 정신분석학적 해석이 보다 널리 인식되게 한 것은 한 로
봇공학 연구자 덕분이었습니다. 일본의 로봇공학자인 모리 마
사히로森政弘는 1970년 '불쾌한 골짜기 또는 언캐니 밸리(Uncanny
Valley)'라는 이론을 세상에 소개합니다. 이 이론은 정신분석학의
해석을 확장시킨 것으로, 기계가 사람과 가까워질수록 거부감을

느끼는 심리적 현상을 지칭합니다. 그는 "나는 로봇이 점점 사람에 가까워질수록 친밀도가 증가하다가 어떤 계곡에 도달하는 것을 관찰했다. 나는 이것을 '불쾌한 골짜기'라 부른다"면서 이 용어를 처음 사용하게 됩니다. 즉, 기계가 사람과 닮아질수록 기계에 가지는 친밀도를 그래프로 그린다면 꾸준히 상승하던 곡선이 어느 지점에서 급격히 하강하는 골짜기(valley) 모양처럼 나타난다는 설명이었죠.

불쾌한 골짜기 이론은 2009년 프린스턴대학 신경과학연구소가 원숭이에게 '원숭이 얼굴과 아주 닮았지만 똑같지는 않은' 컴퓨터 이미지를 만들어 보여준 실험에서 증명된 바가 있습니다. 원숭이들은 이미지를 보자마자 눈을 깜빡거리며 바로 시선을 돌리고 혐오 반응을 보였습니다. 반면 원숭이 얼굴과 똑같은 이미지 또는

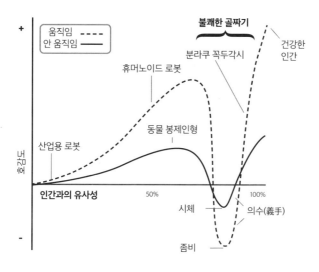

모리 마사히로의 불쾌한 골짜기

완전히 다른 이미지를 보여주면 오랫동안, 그리고 자주 쳐다보며 호감을 표시했습니다. 하지만 이런 긍정적 연구와는 달리 이론을 부정하는 연구도 있기 때문에 아직은 가설적 단계에 머물고 있다고 보는 편이 타당합니다.

결국 인간은 로봇이나 인형이 지나치게 인간의 외형적인 모습과 유사할수록, 움직임과 상관없이 기분 나쁜 느낌을 갖게 된다는 말입니다. 그래서 어느 정도는 인간 형태를 단순화시키거나, 누가 보더라도 소재가 인간의 피부나 머리카락과는 다르다고 금방 알 수 있을 정도의 로봇을 만들어야 호감이 가고 친숙한 로봇이 될 수 있다는 것이죠.

보기에 다소 거부감이 느껴지는 리플리(photo by Brad Beattie, 2006)

2004년 일본에서 성인 여자 모습의 로봇 '리플리(Repliee) Q2'가 개발되어 공개되었을 때 많은 사람들이 '기분 나쁘다'라는 느낌을 표현했습니다. 이는 이 로봇이 실리콘으로 만들어진 부드러운 피부를 갖고 있고 사람의 말을 알아듣고는 상냥한 미소까지 지으며 답했기 때문입니다. 그 때문에 사람들은 오히려 너무나 인간 같은 모습에 거부감이 들었던 것입니다.

많이 보아온 모습인데 왠지 낯선 듯 보이는 것에 대해 느끼는 불쾌한 감정은 인간의 뇌가 완전한 이해를 하려고 노력하기 때문에 발생한다고 보아야 합니다. 사람들은 구체관절인형을 보면서 너무나 인간 같긴 하지만 그렇다고 100퍼센트 인간이라고 판단하기에는 뭔가 부족하다는 생각을 합니다. 완벽한 판단을 하기에는 정보가 없거나, 또는 그렇게 하려다 보니 그것과 반대되는 정보가 존재하기 때문입니다. 살아 있는 것 같은데 죽어 있는 것 같은 양립 불가능한 정보 말입니다. 이런 경우 우리의 뇌는 한 쪽으로 판단할 수 없어 혼란을 일으킵니다. 뇌는 이런 판단의 혼란, 즉 인식의 불명확성을 '기분 나쁨'이라는 감정으로 전환하여 현실로 받아들입니다.

그리고 보면 우리가 인형에 대해 가지고 있는 공포증은 우리의 상상력이 혼자서 지나치게 앞으로 치고 나가기 때문에 생기는 것인지도 모릅니다. 그냥 찬찬히 바라보면 인형이라고 알 수 있음에도 불구하고 빨리 눈앞의 대상을 판단해야 한다는, 빠른 판단을 요구하는 강박적인 뇌의 활동으로 상상이 덧붙여져 죽어 있는 것이 살아 움직일 수 있다는 상상을 하게 만드는 거죠.

여기에는 종이 옷 갈아입히기 인형을 가지고 놀 때의 상상과 전혀 다른 상상이 움직입니다. 독창적인 상상은 창의력의 기반이 되기도 하고, 성적 몽상은 쾌락의 자극이 되며, 자유로움과 변신에 대한 상상은 일탈의 체험이 되어 우리가 일상생활을 해나가는 데 도움을 줍니다. 하지만 상상이 때로는 우리를 두려움 속에 꼼짝 못하게 가둬두기도 하죠. 패셔너블한 앤틱 인형들이 나오는, 전혀 공포물과는 인연이 먼 애니메이션 〈로젠 메이든〉에는 이런 대사가 나옵니다.

> "인형에게 죽음이란 없어요. 그저 멀리 사라져버리는 것 뿐. 존재란 모두가 관념에 지나지 않는 걸요. 이 아이가 이 아이라는 관념, 그리고 여기에 있다는 분명한 의식. 이 아이가 여기는 자기가 있을 곳이 아니라고 생각하게 되는 순간 존재는 사라져버리죠. 그저 하나의 물건이 되어버리는 거예요. 그건 너무나 쓸쓸하고, 어둡고, 차갑고, 슬픈 일이랍니다."

인형은 원래부터 생명을 지니고 있는 것은 아닙니다. 인형을 자신과 같이 영혼이 있고, 그래서 감정이입을 하고, 자신의 대리인으로 삼는 것은 우리의 마음과 생각이 만들어낸 거죠. 결국 우리의 상상이 인형을 살아 숨 쉬게 만드는 겁니다. 하지만 이 사실을 잊어버리는 순간 인형은 스스로 살아서 움직이는 존재가 되어버리죠.

　그러니 상상을 하려면 조금은 신중해야 합니다. 발칙한 상상이
지나치면 자신을 옭아맬 수도 있으니 말입니다.